기아나 요가

스와미 비베카난다
Swami Vivekananda, 1863-1902

기아나 요가
Jnana Yoga

지식의 길

스와미 비베카난다

김우룡 옮김

눈빛

카르마(Karma, 業)총서는 인간의 근원을 탐구하며
삶을 통해 죽음을 보고 죽음을 통해 삶을 본다.

Swami Vivekananda, *Jnana Yoga*, 1923
스와미 비베카난다

1863년 영국 식민지였던 인도 캘커타에서 출생했다. 아명은 나렌드라나트 두타였으며, 아버지는 캘커타 고등법원의 법관이었다. 18세 때 라마크리슈나 성인을 처음 만나 평생 스승으로 모셨다. 21세 때, 캘커타대학을 졸업하고 동서양의 여러 종교와 철학, 논리학, 과학 등을 배웠다. 25세 때부터 5년간 인도 전역을 여행하고 30세에 서양 방문을 시작했다. 그 후 일본의 여러 도시도 방문하고 중국과 캐나다를 거쳐 1893년 시카고만국박람회의 세계종교의회에 참가해 힌두교 대표로 연설하면서 세계적으로 유명해졌다. 이후 영국과 미국의 여러 도시들을 두루 다니면서 강연하고, 1894년 뉴욕베단타협회를 설립했다. 1897년 스승의 제자들과 함께 캘커타에 「라마크리슈나 교단」을 세웠다. 1902년 39세의 나이로 사망했다. 『라자 요가』 『카르마 요가』 『박티 요가』 『기아나 요가』 『나의 스승』 등의 저술을 남겼다. 그는 오늘날까지도 인도 내에서는 힌두 개혁가이자 민족주의의 우상으로, 전 세계적으로는 영혼의 스승으로 존경받고 있다.

김우룡
서울의대 졸업, 의사, 사진가

기아나 요가
지식의 길
스와미 비베카난다 / 김우룡 옮김

초판 1쇄 발행일 — 2024년 10월 30일 / 발행인 — 이규상 / 발행처 — 눈빛출판사
서울시 마포구 월드컵북로 361 14층 105호 전화 336-2167 팩스 324-8273 / 등록번호 — 제1-839호
등록일 — 1988년 11월 16일 / 인쇄 — 예림인쇄 / 제책 — 일진제책
값 15,000원
ISBN 978-89-7409-623-6 04150

비베카난다와 기아나 요가에 대해

제자가 물었다. "왜 우주는 이리도 많고 많은 개별자들이 있는가요? 왜 하나만 있으면 안 되나요? 왜 여러 가지가 생겨 비교하게 만들고 불안하게 만들까요? 나 외의 타자는 왜 있나요?" 스승이 대답했다. "그런 적이 없다. 하나가 다수가 된 적이 없다. 그냥 한덩어리로만 있을 뿐이다." 인도에서 처음에, 하나와 다른 하나의 둘이 있다고 했다. 우주와 브라흐만의 둘이었다. 수천 년 전부터의 이원론적 힌두의 가르침이다. 세월이 흐르고, 하나든 다른 하나든 아무것도 없다고 했다. 공空(Sunyam)이라고 했다. 붓다의 가르침이다. 나가르주나의 불교 가르침과 이원론적 힌두의 가르침이 천 년을 논쟁했다. 기원후 8백년경에 샨카라차리아가 나타나 비이원론인 아드바이타 베단타를 말하면서 이 논쟁은 주춤하기 시작했다.(하지만 논쟁은 티벳으로 옮겨가 또 다시 천 년을 탁마한다.) 인도에서는 그 후 5백 년을 이원론과 비이원론이 대립했다. 그 사이 힌두철학이 풍부해지고 정치精致해졌다.

19세기 말에 비베카난다가 출현했다. 우리의 경허 스님과 비슷한 때를 살았다. 지금 사람들은 비베카난다가 아바타라 avatara(신의 현현)인지 스와미swami(승려)인지를 확실히 구별 짓지 못하고 있다. 그는 비이원론 힌두철학을 서양에 전했다. 1893년 시카고만국박람회에서였다. 거기서, 한 없이 빼어났지만 불운했던 과학 천재, 니콜라 테슬라도 만난다. 서로가 서로를 알아보았다. 또한 하버드와 컬럼비아대의 교수 자리를 제안 받는다. 거절하고 인도로 돌아갔다. 붓다, 샨카라차리아의 뒤를 잇는 종교적 천재 한 사람이 약 150년 전에 인도에서 나서 활동하다가 39세의 나이로 죽었다. 천식과 당뇨와 불면증이 있었고 뇌출혈로 죽는다. 후에 그의 전기를 냈던 로맹 롤랑은 비베카난다의 행적을 접하고 전기에 감전되는 듯한 충격을 받았다고 썼다. 『호밀밭의 파수꾼』의 작가 샐린저는 미국 젊은이들이 주머니에 넣어 다니면 좋을 책으로 비베카난다의 『라자 요가』와 『카르마 요가』 두 책을 권했다. 네루가 말했다. "우리 세대는 모두 그의 책을 읽으면서 자랐다. 그 사람이야말로 최초의 인도인이었다." 힌두철학을 서양에 알린 인물이고, 영국 아래 있던 인도인들을 각성시킨 인물이다. 지금 전 세계의 인도문화원에는 비베카난다의 이름이 붙어 있다. 그런 비베카난다가 말했다. "이 우주의 어느 작은 풀잎 하나가 살아남아 있더라도 나는 거기에 살고 있을 것이다."

그는 기아나 요가에 대한 책을 꼭 직접 쓰고 싶어 했다. 하지만 그러지 못했다. 그럴 짬이 없었을 것이다. 누군가들이 그의 강의를 받아 적었다가 이 책을 만들었다. 『기아나 요가』는 비이원론적 베단타학파의 근본 교의를 담고 있다. 힌두의 가르침은 크게 네 가지 요가^{way}로 정리된다. 라자 요가, 이것은 파탄잘리 요가에 바탕하여 명상을 통한 삼매를 거쳐 깨달음에 이르는 길을 설한다. 다음으로 박티 요가가 있다. 신에의 사랑을 통해 깨달음으로 간다. 예배와 제의와 신에의 봉사를 통한다. 탄트라도 여기에 속한다. 그 다음으로 카르마 요가가 있다. 바가바드기타의 아르주나가 크리슈나 성인에게 야단맞는 내용이 바로 이 카르마 요가의 가르침이다. 세속의 일을 통해, 일 자체를 위한 일을 통해 깨달음으로 간다. 마지막으로 기아나 요가다. 지식의 길을 뜻한다. 그 지식 하나를 알게 되면 모든 것이 다 풀리는 그런 지식을 말한다. 베다의 끝부분에 있는 우파니샤드의 가르침을 듣고 앎으로써 깨달음으로 간다. 존재^{existence} 자체가 신^{神}임을 가르친다. 존재와 인식과 기쁨이 신임을 가르친다. 이 가르침은 듣고 숙고하고 명상하는 단계를 거친다. 이 역서는 그의 1923년도 판본을 저본으로 했다. 전체 16장으로 된 두꺼운 책이나 여기서는 우리에게 꼭 중요하다고 생각되는 6개의 장을 역자가 임의로 골라 번역했다. 빠진 장들을 다시 보완하는 작업을 기대해본다. 이 공부중에 조금씩 적어둔 짧은 글들을 본문 시작하기 전에 붙였다. 힌두의 넓은 바닷가에서 주운 조약돌 같은 것이다. 외람되지만 이해에 도움이 되었으면

싫었다. 한 가지 덧붙인다. 산스크리트어에서 jn으로 음역(音譯) 표기된 것은 영어의 gy로 읽어야 한다. 간혹 g가 묵음이 되어 야나로 발음되는 경우도 있지만, jnana는 기아나로 음독하는 것이 맞다. 산스크리트어를 처음 로마자 알파벳으로 옮길 때의 약속인 것으로 보인다. 인도의 산스크리트 학자들은 또렷하게 gy로 발음한다.

　돌아보면 아득하고 먼 걸음이었다. 언젠가 라자스탄의 힌두 승려를 그의 시골 사원으로 찾아갔었다. 서툴고 거친 솜씨로 흙으로 쌓아올린 절집은 장식이라곤 없었다. 소마soma였던 듯한 누런 물을 양동이 반쯤 채워와 함께 마시자며 내게 권했다. 나를 대접하려던 늙은 인도 사두Sadhu와 그때의 분위기가 요즘 자주 떠오른다. 한없이 땡볕이 내려쬐고 앞강은 말라 자갈만 드러나 있던, 너무도 황량하고 가난하던 풍광이었다. 그립다. 뉴욕베단타협회의 스와미 사르바프리야난다의 강의에 많은 도움을 입었다. 스님께 감사드린다. 이번 기회에 웹에 떠있는 성철 스님의 법문 250여 편을 들을 수 있었다. 스님은 불교를 위해 진리를 택한 것이 아니라, 진리를 위해 불교를 택했다고 말씀하셨다. 축복이었다. 스님이 이 땅에 계셨음에 감읍한다. 나가르주나와 샨카라차리아께 절 올린다.

　2024년 10월
　김우룡

차례

역자 서문: 비베카난다와 기아나 요가에 대해 5

1장 모든 것 안의 신 11

2장 절대와 외관 31

3장 인간의 참된 본성 55

4장 체현 85

5장 죽지 않음=불멸 117

6장 진짜의 인간과 모양의 인간 137

역자 후기를 대신하여 177

산스크리트어 용어 풀이 183

1장
모든 것 안의 신
1896년 10월 27일, 런던에서의 강의

이샤 우파니샤드를 중심하여

우파니샤드에는 논리적으로 이해하기 힘든 구절들이 나오기도 한다. 기아나 요가는 지식을 통한 깨달음의 길을 말하는데, 지식의 반대는 무지다. 베단타의 요가는 대개 넷으로 이루어지고 그것들은 박티, 카르마, 라자, 기아나 등으로 구성된다. 기아나 요가는 다른 셋과 뚜렷이 구별되는 특징이 있다. 길고 힘든 과정이 필요치 않다. 지식을 듣고 알면 되는 것이다. 그런 뒤에, 생각하면서 따져보고 명상하는 깨달음 후後의 단계를 거친다. 하지만 일단 지식의 내용을 듣고 아는 것만으로 해탈에 이른다고 하는 파격적인 가르침을 베푼다. 우리가 아는 비이원론적 베단타학파가 추구하는 방법론이다. 박티는 예배와 의식, 카르마는 현실에서의 봉사적 노력, 라자는 삼매에 들기 위한 명상을 주로 강조한다. 한 우파니샤드에 이런 구절이 있다. 무지Avidya의 상태로 계속 나아가면 곤란을 겪고 고통을 받는다. 하지만 지식Vidya만을 가진 상태로 진행해 가면 더 나빠진다. 무지한 것으로 고통을 받는 것은 이해가 간다. 하지만 최고의 진리에 대한 지식을 지니고 공부하는 것에, 더한 고통이 결과 된다는 말은 무슨 뜻일까? 수많은 베단타 학자들이 이 구절의 해석에 골머리를 썩였다. 하지만 그 뜻은 이렇다고 한다. 무지의 상태는 제의 의식^{ritual}의 종교행위를 말하고 지식의 상태는 명상^{meditation}을 통한 종교 행위를 말한다는 것이다. 제의 의식은 기도와 찬송과 사랑이다. 명상은 이른바 참선이다. 둘이 함께 있어야 한다는 말인데 둘 중의 하나만을 택해야 한다면 기도와 찬송이 덜 위험하다는 것이다. 박티 요가를 열심히 하는 것은 라자 요가나 기아나 요가의 삼매를 대체할 수 있다. 느낄 점이 있는 우파니샤드의 역설이다. 이샤 우파니샤드의 가르침이다.(역자)

우리는 우리 삶의 많은 부분이 피치 못하게 악으로 채워져 있음을 보아왔다. 또한 우리가 아무리 저항해도 이 악의 덩어리는 실제적으로 거의 끝날 날이 없는 것 같다. 시간이 시작되었을 때부터 이것을 해결하기 위해 애써왔지만 모든 것은 그냥 그대로이다. 치유책을 더 많이 찾을수록, 우리는 더 미묘한 악들에 시달리고 있음을 본다. 모든 종교들이 이런 난관에서 탈출하는 방법으로 신^{a God}을 제시하는 것도 보았다. 이 시대의 실제적인 사람들 대부분이 조언하듯이 세상을 있는 그대로 받아들인다면, 우리에게 남는 것은 악밖에 없을 것이라고 그 모든 종교들은 말한다. 나아가 그들은 이 세상 밖의 어떤 다른 세상이 있다고 주장한다. 이 오감^{five senses} 안의 생, 물질세계 안의 생이 전부가 아니다. 단지 한 부분일 뿐이고 겉모습일 뿐이라고 말한다. 저 너머, 저 위에, 더 이상 악이 없는 무궁함이 있다고 말한다. 그것을 일러, 어떤 이는 신이라, 어떤 이는 알라^{Allah}라, 어떤 이는 여호와라, 어떤 이는 주피터^{Jove}라 한다. 베단타에서는 그것을 브라흐만^{Brahman}(광대하여 제한이 없음-역자)이라 부른다.

종교의 조언으로부터 받는 우리의 첫 느낌은 차라리 여기의 이 존재를 끝내는 것이 낫다는 것이다. 삶의 악을 치유하는 방법을 묻는 물음에 대한 답은 삶을 포기하라는 것이었다. 오래된 얘기 하나를 떠올리게 한다. 어떤 사람의 머리에 모기 한 마

리가 앉았는데, 친구가 그 모기를 죽이기 위해 머리를 때려 사
람과 모기가 한꺼번에 죽었다고 한다. 악에 대한 치유 역시 비
슷한 모습을 띠고 있다. 삶은 괴로움으로 가득하고 세계는 악
으로 가득 차 있다. 세상을 알 만큼 나이를 먹은 사람이라면 누
구도 부정할 수 없는 사실이다.

　이런 악에 대해 종교들이 제안한 치유법은 과연 어떤 것들이
었나? 이 세계는 아무 가치가 없다, 이 세계 너머에 진짜가 있
다고 가르친다. 종교의 어려움이 여기에 있는 것이다. 치유가
오히려 여기 있는 모든 것을 파괴하는 듯이 보인다. 그럴진대
그것이 치유가 되겠는가? 다른 길은 없는가? 그 종교들이 제시
한 말들이 정말 맞긴 하지만, 그 말들을 제대로 이해하는 것이
중요하다고 베단타는 말한다. 종교에서, 그 의미하는 바가 명
확하지 않아서 종종 오해된다고 말한다. 진정으로 요구되는 것
은 머리와 심장의 종합이다. 심장(열정, 사랑, heart)은 실로 위대
하다. 생의 커다란 영감은 심장을 통해서 온다. 내게 선택하라
면, 심장 없이 나의 전체가 뇌로 되기보다, 뇌를 버릴지언정 작
은 심장이라도 가지기를 백배 더 원한다. 심장이 있는 이는 생生
이 가능하고 진전이 가능하다. 심장이 없이 뇌만 있는 이는 건
조함으로 죽어버릴 것이다. 하지만 심장만으로 삶을 꾸려나가
는 이는 수많은 난관에 빠지게 됨을 우리는 안다. 그들은 시시
때때로 위험에 쉽게 빠진다. 심장과 머리의 조화가 필요하다.

하나를 위해 다른 하나를 희생시켜야만 한다는 말이 아니다. 모든 사람들이 무한히 큰 심장과 감정을 갖게 하고 또 동시에 무한한 양의 이성을 가지게 하자. 이 세상에서 우리가 원하는 것의 한계가 있을까? 세계는 거의 무한이지 않은가? 무한한 감정을 받아들일 수 있는 여지가 있고, 무한한 양의 교양과 이성을 수용할 여지도 역시 있다. 그 둘이 제한 없이 함께할 수 있도록 하자. 함께 달리도록 하자. 서로 나란히 평행선 위를 달리도록 하자.

대부분의 종교들은 이 사실을 잘 알고 있다. 하지만 그들 모두는 동일한 실수를 저지른다. 심장에, 감정에, 넋을 내준다는 것이다. 세상에는 악이 있다. 세상을 포기해라. 이것이야말로 위대한 가르침이다. 의심할 바 없이 맞는 가르침이다. 세상을 포기하라. 진리를 성취하기 위해 거짓의 세상을 포기하라는 가르침에 누가 반박을 하겠는가? 선을 행하기 위해서 악을 포기해야만 한다는 사실에 이견이 있을 수 없다. 삶을 지니기 위해 죽음의 것을 포기해야 한다는 사실 역시 반박할 수 없다.

하지만, 이 이론에서의 포기의 대상에 감각의 삶-우리가 알고 있는 바의 그 삶-이 포함된다면, 우리에게 남는 것은 무엇일까? 우리의 이 삶을 포기해버리면, 삶 자체에 무슨 의미가 있을까? 우리가 이 삶을 포기한다면 무엇이 남을까?

베단타의 보다 철학적인 부면部面을 앞으로 접하게 되면 이 것을 보다 잘 이해하게 될 것이다. 하지만 지금으로선 우선 이 렇게 말해보자. 오직 베단타에서만 이 질문에 대한 합리적 해 답을 찾을 수 있다고. 지금으로서는 당신들 앞에, 베단타가 무 엇을 가르치려고 애쓰는지와, 또 그것이 다름 아닌 세상의 신 격화deification라는 것만을 내놓을 수 있을 뿐이다. 베단타는 세상 을 버리라고 폄훼하지 않는다. 하지만 그와 동시에, 욕망 포기 renunciation의 이상理想이 베단타의 가르침에서보다 더 높게 성취될 수 있는 곳도 없다. 그렇다고 자살을 부추기는 건조한 조언을 하려 하는 것도 아니다.(알베르 카뮈는 "철학이 답해야 할 가장 중 요한 물음은 왜 지금 나 자신을 스스로 죽이지 않는가이다"라고 말한 다.-역자) 오히려 세상을 신으로 만들려 한다. 우리가 생각하는 바의 세상, 우리가 알고 있는 바의 세상, 우리에게 드러나는 바 의 세상을 포기하고, 진짜로 세상이 무엇인가를-세상은 오직 신神임을-알게 하려는 것이다. 가장 오래된 우파니샤드 중의 하나(이샤 우파니샤드-역자)는 그 도입부를 다음과 같이 시작한 다. "우주에 있는 낱낱의 것들은 신으로 덮여 있다."

가짜 낙관주의가 아니라, 악으로 멀어진 눈에 의해서가 아니 라, 모든 것에서 실제로 신을 봄으로써, 우리는 신 자신으로 모 든 것을 덮어야 한다. 이와 같은 식으로 세상을 포기하는 것이 다. 세상이 포기되면 무엇이 남는가? 신이 남는다. 무슨 뜻인가? 남자가 아내를 포기한다. 이 말은 앞으로 아내를 버린다는 뜻이 아니다. 아내 안에서 신을 본다는 말이다. 아이들을 포기한다. 무슨 뜻일까? 여러 나라들에서 보는 짐승 같은 인간들처럼 아이들을 문 밖으로 내쫓는다는 말일까? 아니다. 그것은 극악무도한 행위다. 종교적임이 아님은 물론이다. 아이 안에서 신을 본다는 말이다. 모든 것에서도 그렇다. 삶과 죽음에, 행복과 불행에, 신은 공평하게 존재한다. 세상 전체는 신으로 가득 차 있다. 눈을 떠서 그 신을 보라. 이것이 베단타의 가르침이다. 억측해온 세상을 포기하라. 당신의 억측은, 아주 편파적인 경험과 아주 빈약한 논리와 당신 자신의 취약함에 바탕하고 있기 때문이다. 그 세상은 포기하라. 그토록 오랫동안 생각해왔던 그 세상, 그토록 오랫동안 매달려 왔던 그 세상은 우리 자신이 만들어낸 거짓 세상이기 때문이다. 그 세상은 포기하라. 눈을 뜨고 보라. 그 세상은 결코 있지 않았던 세상, 꿈이요 마야 ^{Maya}다. 존재했던 것은 신 그 자신이다. 아이에게 아내에게 남편에게 있었던 그^{He}다. 선과 악 안에 있었던, 죄와 죄인 안에 있었던, 생과 사 안에 있었던 그^{He}다.

진실로 놀라운 주장이다! 하지만 베단타가 보여주려 하고 가르치려 하고 설파하려고 하는 내용이 바로 이것이다. 도입부의 내용이긴 하지만.

이렇게 하여 우리는 삶의 위험과 삶의 악을 피한다. 어떤 것도 욕망하지 말라. 우리를 참혹하게 만드는 것이 무엇인가? 우리를 고통스럽게 하는 모든 비참의 원인은 욕망에서 비롯한다. 무엇인가를 욕망한다. 그 욕망이 이루어지지 못한다. 결과는 괴로움이다. 욕망이 없었다면 고통도 없다. 하지만 여기서도 역시 나의 몰이해의 위험이 도사리고 있다. 그래서 지금 내가 의미하는 욕망의 포기와 비참에서의 자유를 설명할 필요가 있다. 벽을 보자. 벽은 욕망이나 비참이 없다. 맞다. 그리고 벽은 진화도 하지 않는다. 의자도 욕망이 없다. 고통도 없다. 하지만 언제나까지 의자일 뿐이다. 행복에는 영광이 있다. 고통에도 은혜가 있다. 감히 말한다면 악에도 효용이 있다. 비참의 위대한 교훈은 우리 모두가 알고 있다. 우리들의 생에서 행한 일들 중에서 하지 않았더라면 하고 지금 후회하고 있는 많은 일들이 있다. 하지만 그와 동시에 그 일들은 우리들을 가르치는 훌륭한 선생들이기도 하다. 나로 말하면 여러 좋은 일과 많은 나쁜 일을 했다. 좋은 일을 한 것에 기쁘고 나쁜 일을 한 것에도 기쁘다. 그 모든 것들이 모두 커다란 교훈을 주었기 때문이다. 나, 지금의 나는 내가 행한 것들의, 내가 생각한 것들의 결과물이다. 낱낱의 행동과 생각은 그 효과를 지니고 있고, 그 효과들이야말로 나의 진보의 총합이다.

우리 모두는 고통을 유발하는 그 욕망이 옳지 않다는 것을 안다. 그렇다면 욕망 포기란 무슨 뜻일까? 삶은 어떻게 이어지는가? 욕망을 죽이고 인간 역시 죽이라는 것은 위에서와 마찬가지의 자살적 조언일 수 있다. 답은 이렇다. 재산을 가지지 말아야 한다는 뜻이 아니다. 필요한 물건을 가지지 말아야 한다는 뜻이 아니다. 나아가 사치품도 마찬가지다. 원하는 모든 것을 가져라. 오히려 더 많이 가져라. 다만 진실을 알고 그것을 체현(體現, realize)하라. 부富는 모두에게 다 주어지지 않는다. 소유욕, 소유권에 대한 생각을 버려라. 당신도, 나도, 다른 어떤 사람들도, 사실 아무것도 아니다. 모든 것은 신에게 속해 있다. 위의 도입부에서 말했다. 모든 것에다 신을 부여하라고. 당신이 즐기는 풍요 안에 신이 있다. 당신 마음속의 욕망 안에 신이 있다. 욕망을 만족시키려고 구입하는 물건들 속에 신이 있다. 당신의 아름다운 의상 안에 있다. 아름다운 장신구 안에 있다. 생각이 가야 하는 길이 이렇다. 이런 식으로 보면 그 즉시에, 모든 것들이 변화된다. 모든 동작 안에, 모든 대화 안에, 당신의 형상 안에, 모든 것 안에 신을 부여하자마자, 모든 것이 변한다. 비애와 비참으로 드러나던 세상이 천국이 된다.

예수는 "천국이 너희 안에 있다"고 말했다. 베단타도 그렇게 말한다. 모든 위대한 스승이 그렇게 말한다. "눈 있는 자는 보고 귀 있는 자는 듣게 하라." 베단타는 우리가 지금껏 내내 찾아왔던 진리가 여기 있음을 보여준다. 그리고 지난 시간 내내 우리와 함께 있었음을 보여준다. 우리의 무지로 인해, 우리는 그것을 잃어버렸다고 생각했고, 그것을 찾기 위해 울면서 세상을 헤매 다녔다. 하지만 그 시간 내내, 그 진리는 우리 가슴속에 살고 있었다. 그 가슴 안에서만 우리는 진리를 발견할 수 있다.

세상을 포기하라는 말을 유치하고 조악한 옛날식으로 받아들였다면, 아마도 다음과 같은 식이었을 것이다. 일을 하면 안 된다. 게을러야 한다. 흙덩이처럼 앉아서, 생각도 하지 말고 어떤 일도 하지 말고, 운명론자가 되어 상황에 휘둘리며, 자연 법칙에 따라 이리저리 내몰리고 이곳저곳을 떠돌아야 한다. 그처럼 되어야 할 것이다. 하지만 그런 뜻이 아니다. 우리는 일해야만 한다. 잘못된 욕망에 따라 이리저리 휘둘리는 천박한 사람들은 일에 대해 어떻게 알까? 저만의 느낌과 감각에 따르는 사람들은 일에 대해 무엇을 알까? 자신의 욕망이나 자신의 이기심에 이끌리지 않는 사람이 일을 한다. 어떤 엉뚱한 동기를 감추고 있지 않은 사람이 일을 한다. 일로부터 어떤 것도 얻을 것이 없는 사람이 일을 한다.

그림을 즐기는 사람은 그림 상인인가, 그림 관객인가? 그림 상인은 계산으로 바쁘다. 이익이 얼마일까를 계산하고 그림으로 실현될 이익을 계산한다. 그의 머리는 그것으로 가득하다.

입찰 가격과 낙찰봉을 본다. 입찰 가격이 올라가는 속도에 주의를 기울인다. 그림을 사거나 팔려는 생각이 없이 그곳에 간 사람은 그림을 즐긴다. 그림을 보고 그것을 즐긴다. 마찬가지로 이 전체 우주는 하나의 그림이다. 욕망들이 사라지면 우주를 즐기게 된다. 그럴 때, 사고 파는 것과 어리석은 소유의 생각도 끝나 있다. 입찰업자도 가고 구매자도 가고 판매자도 간다. 세상에는 그림만 남는다. 아름다운 그림만 남는다. 신에 대한 개념 중에 내가 읽었던 가장 아름다운 것은 다음과 같다. "그는 위대한 시인이다. 오래 전부터 있었던 시인이다. 이 전 우주는 그의 시詩다. 모든 운韻과 운, 모든 행行이 무한의 축복으로 쓰인 시다." 우리가 욕망을 단념할 때, 그때에만 이 신의 우주를 읽고 즐길 수 있을 것이다. 그때는 모든 것이 신이 될 것이다. 구석과 모퉁이, 으슥한 길과 어두운 곳, 어둡고 침침한 모든 곳이 신이 될 것이다. 그것들 모두가 그들의 진짜 본성을 드러내고, 우리는 스스로에게 미소 지으며 이제까지의 모든 울음과 징징거림이 한갓 아이들의 장난에 지나지 않았음을 알고, 가만히 서서 바라보고 있을 것이다.

그러므로 베단타는 말한다. 너의 일을 하라. 그러면서 어떻게 일하는지를 조언한다. 우선 포기하라고, 이 드러난 착각의 세상을 포기하라고. 무슨 뜻일까? 모든 곳에서 신을 보라는 말이다. 그런 다음 너의 일을 하라는 말이다. 백 년을 살기를 욕망하라. 모든 지상의 욕망을 지녀라, 원한다면 그리하라. 다만 그 모든 것을 신으로 만들어라. 그것들을 하늘로 변화시켜라. 이 지상에서 도움이 되고 축복이 되고 활동적인 장수의 삶이 되도록 욕망하라. 그렇게 일하면 해결책이 생길 것이다. 진실을 알지 못하고, 세상의 어리석은 사치에 저돌적으로 뛰어들면, 발을 헛디뎌 목표에 도달하지 못한다. 반대로 어떤 사람이 세상을 저주하고 숲으로 들어가, 정욕을 억제하고 기아로 스스로를 조금씩 죽이며, 심장을 메마르게 하고 모든 감정을 죽이고, 거칠고 뻣뻣하며 마르게 되는 사람 역시, 길을 잘못 든 사람이다. 세상의 욕망을 취하는 것의 반대쪽에 있는 극단인데, 둘 모두 서로 다른 끝에서 잘못을 저지르고 있다. 둘 모두 길을 잃고 목적지를 잃어버린 것이다.

그러므로 베단타는 말한다. 모든 것에 신을 놓으라고. 모든 것에 있는 신을 알라고. 그칠 새 없이 일하라. 삶을 신 자신으로 삼으면서. 우리가 해야만 할 일은 이것임을 알고, 우리가 요청해야 할 일이 이것임을 알고서. 신은 모든 것에 있으니, 그를 만나기 위해 가야 할 다른 곳이 어디인가? 신은 일에, 모든 생각에, 모든 느낌에 이미 있다. 그렇게 알고 우리는 일해야 한다. 유일한 길이다. 다른 길은 없다. 일의 결과, 일의 효과는 우리를 얽매지 않는다. 우리는 잘못된 욕망이 어떻게 하여 우리가 겪는 고통과 비참의 원인이 되는가를 보아왔다. 하지만 그 욕망들이 지금처럼 신에 의해 성화되고 순수화되면, 어떤 악도 어떤 비참도 가져오지 않게 된다. 이 비밀을 배우지 못한 사람들은 이것을 발견할 때까지 악마화된 세상에서 살지 않으면 안 될 것이다. 많은 이들이 자기 안에, 자기 주위에, 모든 곳에, 무진장의 축복의 광맥이 있는 것을 알지 못한다. 여태 발견하지 못하고 있다. 악마의 세상이란 무엇인가? 베단타는 말한다. 무지라고.

엄청난 강물이 흐르는 강둑에 앉아 갈증으로 죽어가는 것이 우리다. 곁에 음식을 산더미처럼 쌓아두고 배가 고파 죽어가고 있는 것이 우리다. 축복 가득한 우주가 여기 있다. 하지만 우리는 보지 못한다. 언제나 우리는 그 안에 있다. 그리고 늘 잘못 알고 있다. 종교는 우리를 위해 이것을 알려주려 한다. 이 축복의 우주에 대한 갈망은 모든 사람들의 가슴속에 있다. 모든 민족들의 추구가 되어왔다. 종교의 목표였고 여러 다른 종교들에서 다양한 언어로 표현되었다. 드러나는 모든 다양함은 오로지 언어의 차이에서 비롯된 것일 뿐이다. 한 민족은 그 생각을 하나의 방법으로, 또 다른 민족은 약간 다른 방법으로 표현한다. 다른 언어들로 표현되었지만, 그 의미는 정확하게 동일하다.

이것과 연관되어 더 많은 물음들이 생긴다. 말은 너무 쉽다. 어릴 때부터 나는 어디서나 어떤 것에서나 신을 볼 수 있다는 말을 들어왔다. 나는 즐겁게 세상을 즐길 수 있었다. 하지만 세상과 얽히자마자, 세상으로부터 몇 번 타격을 받자마자, 그런 생각은 사라져버렸다. 모든 사람에게 신이 있다는 생각을 하면서 길을 걷고 있었다. 그때 힘센 사람 하나가 따라오더니 나를 밀치고 보도에 넘어뜨렸다. 나는 주먹을 불끈 쥐고 재빨리 일어났다. 머리로 피가 솟았다. 깊게 생각할 여유도 없었다. 순식간에 나는 미쳐버렸다. 신을 만나려는 생각은 말짱 잊어버렸다. 대신에 악마를 만났다. 태어난 뒤로 줄곧 모든 것에서 신을 보라는 말을 들어왔다. 모든 종교가 그렇게 가르쳤다. 모든 것에서 모든 곳에서 신을 보라고. 신약성서의 예수가 그렇게 말한 것을 기억하나? 우리 모두는 그렇게 배웠다. 하지만 실제 상황과 부딪히면 난관은 시작된다. 이솝 우화의 튼튼한 수사슴 얘기를 아는가? 호수에 비친 자신의 모습을 보고 제 새끼에게 말한다. "얼마나 튼튼한가, 나는? 내 머리를, 내 다리를 보아라. 얼마나 강하고 얼마나 강건한가? 내가 얼마나 빨리 달리는지 너는 아니?" 그때, 멀리서 개 짖는 소리가 들린다. 즉시 도망가기 시작했다. 멀리 도망친 후, 한참만에 숨을 헐떡거리면서 다시 돌아왔다. 새끼가 말했다. "아빠는 조금 전 강하다고 말했죠? 개 짖는 소리에 도망가는 것이 강한 건가요?" "그랬지, 아들아. 하지만 개 짖는 소리가 들리니 내 자신감들이 몽땅 사라지더구나." 우리도 마찬가지다. 우리는 우리 자신을 높게 평가한다. 강하고 멋진 것으로 여긴다. 우리는 장대한 결심을 한다.

하지만 시험과 유혹의 '개들'이 짖으면, 우리는 우화 속의 수사슴처럼 된다. 하면, 사태가 이럴진대, 이 모든 가르침이 무슨 소용이 있는가? 아주 커다란 소용이 있다. 인내와 끈기가 이긴다는 가르침이 이때 필요하다. 무엇이든 하루 만에 되는 것은 없다.

"이 자기the Self에 대한 내용은 처음에는 듣고shravana, 다음에는 생각해보고manana, 그런 뒤에는 명상해야nididyasana 한다." 모든 이가 하늘을 볼 수 있다. 땅 위를 기는 벌레도 푸른 하늘을 본다. 하지만 그것에게 하늘은 얼마나 멀리 있는 것인가! 우리에게 이상理想도 이와 같다. 그 이상은 의심의 여지없이 멀리에 있다. 하지만 동시에 분명한 것은 우리는 반드시 그것을 성취해야 한다는 사실이다. 그중에서도 최고의 이상을 성취해야 한다. 그 이상을 잊어서는 안 된다. 불행하게도 이 어두운 세상을 살아가는 대다수의 사람들이, 전혀 어떤 이상이 없이 세상을 더듬어 나가고 있다. 어떤 이상을 가진 사람이 천 번의 실수를 한다면, 이상이 없는 사람은 5만 번의 실수를 할 것이라고 나는 확신한다. 그러므로 이상을 가지는 것이 낫다. 그리고 이 이상에 대해 우리는 될수록 많이 들어야 한다. 우리 심장으로 들어올 때까지, 우리 뇌로 들어올 때까지, 우리 혈관으로 들어올 때까지, 우리 핏방울 한 방울 한 방울을 저릿하게 할 때까지, 우리 몸의 모든 구멍에 다 스며들 때까지. 그런 다음 그것에 대해 반드시 명상해야 한다. '심장의 충만함으로부터 입이 말하고,' 심장의 충만함으로부터 손 역시 일하게 해야 한다.

우리에게 있는 추진력은 생각이다. 마음을 최고의 생각들로 채워라. 매일 매일 그 생각들을 듣고, 달이 거듭될수록 그것들을 생각하라. 실패에 괘념치 마라. 아주 자연스런 것이다. 실패는 삶의 아름다움이다. 실패가 없다면 삶은 어떻게 될까? 분투와 고통이 없다면 삶은 가치가 없을 것이다. 삶의 시를 어디서 찾을 수 있을까? 고투와 실수를 괘념치 마라. 소가 거짓말을 한다는 말을 들어본 적이 없다. 소니까. 인간이 아니니까. 그러니 이런 실패를, 이런 사소한 타락을 괘념치 마라. 천 번이라도 이상을 붙들어라. 천 번을 실패한다면, 한 번 더 시도하라. 인간의 이상은 모든 것에서 신을 보는 것이다. 하지만 모든 것에서 그를 볼 수 없다면, 하나의 것에서라도 그를 보라. 네가 가장 좋아하는 그 하나의 것에서 신을 보고, 그 다음으로 다른 것에서 보라. 그렇게 나아갈 수 있다. 영혼 앞에는 무한한 생이 있다. 너의 그 무한정의 시간을 써서 너의 목표를 달성하라.

"마음보다 더 신속히 진동하면서, 마음이 결코 따를 수 없을 만큼의 빠르기를 가진, 신들도 미칠 수 없고, 생각도 따라잡지 못하는 한덩어리의 그, 그가 움직이면 모든 것이 움직인다. 그 안에 모든 것이 존재한다. 그는 움직이고 있다. 그는 움직임이 없기도 한다. 가까이도 멀리도 있다. 모든 것 안에 있다. 모든 것 바깥에 있다. 모든 것을 관통하고 있다. 모든 것 안에 있는 저 동일한 아트만을 보는 사람은, 저 아트만 안에 있는 모든 것들을 보는 사람은, 아트만으로부터 결코 멀리 떨어져 갈 수 없다. 이 아트만 안에 모든 생명과 전체 우주가 보일 때, 그때에만 사람은 숨겨진 비밀에 도달한다. 그에게는 더 이상 착각이 없다. 우주의 하나됨을 보는 그에게 더 이상 불행이 있을 곳이 어디겠는가?"

생의 하나임^{Oneness}과 모든 것의 하나임, 이것이 베단타의 또 다른 위대한 주제이다. 우리는 우리의 모든 비참함이 세상이 여러 개로 나뉘어 있다는 생각—이것이야말로 무지인데—에서 비롯함을 보게 될 것이다. 사람과 사람, 나라와 나라, 지구와 달, 달과 해로 나뉘어 있다는 생각이 그것이다. 원자와 원자가 서로 나뉘어 있다는 생각에서 모든 비참함이 나온다. 하지만 베단타는, 이런 분리는 없다고 말한다. 실제가 아니라고 말한다. 그저 표면상의 모습일 뿐 실제는 그렇지 않다고 말한다. 사물들의 중심에는 통합과 일체가 있다고 말한다. 거죽 아래로 들어가면, 사람과 사람, 민족과 민족, 높음과 낮음, 부자와 가난뱅이, 신과 인간, 인간과 동물이 모두 하나임을 알게 된다. 좀 더 깊이 들어가면, 모든 것들이 하나임의 변형에 불과함을 알게 된다. 그리하여 이 하나임의 개념에 도달한 사람에게는 더

27

이상 착각이나 망상이 없게 된다. 무엇이 그를 속일 수 있겠는 가? 그는 모든 것의 실체를, 모든 것의 비밀을 안다. 그에게 더 이상의 비참함이 어디 있겠는가? 무엇을 욕망하겠는가? 신에 의, 중심에의, 통합에로의, 모든 것들의 실체를 추적했고, 그것 은 영원한 존재, 영원한 지식, 영원한 축복이었다. 죽음도 질병 도, 슬픔도 비참도 불만도, 거기엔 없다. 모든 것이 완전한 통합 이고 완벽한 축복이다. 그럴진대 누구를 애도할 것인가? 실제 를 보면, 거기에는 죽음이 없고, 비참이 없다. 실제를 보면, 애 도해야 할 누구도 없고, 가엾게 여겨야 할 누구도 없다. 그는 모든 것에 스며들어 있다. 순수한 하나이고, 형태 없고, 몸이 없 고, 흠 없다. 아는 자요, 위대한 시인이요, 스스로 존재하는 이, 그는 모든 이들에게 그들이 받기에 합당한 것을 주는 이다. 저 들은 어둠 속에서 손으로 더듬으며 나아가고 있다. 무지로부터 만들어진 이 세상, 이 무지의 세상을 숭배하면서, 그것을 존재 로 생각하면서, 그들의 이 세상에서의 생 전체가 보다 좋고 보 다 높은 것임을 전혀 보지 못하고 살면서, 더욱 캄캄해진 어둠 속을 손으로 더듬고 있다. 하지만 이 물질계의 비밀을 아는 사 람, 물질계의 도움을 통해 물질계 너머의 것을 보는 사람은 죽 음을 건넌다. 그리고 물질계 너머의 그것^That^의 도움을 통해, 영 원한 축복을 즐긴다. "그대의 황금 원반으로 진실을 가리는, 그 대 태양이여, 그 장막을 걷어 그대 안에 있는 진리를 보게 하 라. 그대 안에 있는 그 진리를 나는 보았나니, 그대의 빛살과 그대 영광의 진짜 의미를 나는 알게 되었나니, 또한 그대 안에서 빛나는 그것^{That}을 나는 보았나니, 그대 안의 진리를 나는 보나니, 그대 안의 그것^{That}이 내 안에도 있네, 그리고 내가 그것이네$^{I\ am\ That}$."

2장
절대와 외관
런던에서의 강의, 1896

인생을 바쳐 경전을 번역하고 강물에 흘려보낸다. 히말라야의 한 사두는 움막에 앉아 늘 힌두 경전을 번역했다. 높이 쌓인 번역노트가 완성되면 그것들을 갠지스강에 흘려보냈다. 그리고 다시 시작했다. 그의 이생은 그렇게 흘러갔다. 또 있다. 한때 누군가, 우리가 잘 아는 라마나 마하리시를 비난하는 장문의 글을 쓴 적이 있었다 한다. 마하리시는 그때도 이미 성자였다. 신도 한 사람이 그 글을 마하리시에게 갖다주었다. 마하리시는 샅타구니 천만 걸친 채 쪼그리고 앉아, 꼼꼼히 읽고 철자를 고치고 문법에 맞지 않는 문장을 수정했다. 아무 일도 없었다. 신도가 물었다. 당신을 비난하고 욕하는 글인데 아무렇지도 않나요? 아무 일도 없지, 라마나 마하리시라는 이름의 사람에 대한 글일 뿐인데, 아무 상관이 없지, 외관facade은 어째도 좋지.

외관false은 절대real가 없이 존재할 수 없다. 외관은 절대에게서 존재를 빌려와야 한다. 의식만이 실재이고 우주는 외관일 뿐인데 굳이 그 외관이 있는 이유는 무엇일까? 그 첫째는 우주는 겉모습이고 헛것이니 그것에 끄달리지 말라는, 집착하지 말라는 뜻이 있다. 그러나 그보다 더 중요

31

한 숨은 뜻이 있다. 그 외관을 통해 절대가 있는 자리를 확인하게 된다는 것이다. 그 외관이 다름 아닌 절대라는 말이다. 뱀으로 보이는 그 자리에 실상은 밧줄이 있다는 말이다. 외관은 절대 없이 존재할 수 없지만, 절대 역시 외관을 통해 그 있는 자리를 드러낼 수밖에 없다. 세계와 우주가 있다. 그것이 그냥 그대로 의식^{consciousness}이다. 그래서 의식이 의식을 느낀다고 하는 것이다. 의식만이 의식을 경험한다고 하는 것이다.

하버드 신학대학의 어느 노교수가 젊은 승려에게 물었다. 깨달음을 얻은 사람이 얼마나 되니? 아주 조금이요. 그런데 그 아주 조금인 깨달은 사람이 되기 위해 이리도 많은 노력과 인생을 바칠 필요가 있을까? 승려가 말했다. 당연히 있지요. 우선은, 우리 모두가 어떻게든 언제이든 반드시 깨닫게 되어 있으니까요. 그리고 영적인 삶이 무엇인지를 약간이라도 이해하기만 해도 깨달음의 추구 외의 다른 일은 할 수가 없으니까요. 맞는 말이네. 또 한 가지가 더 있지. 비록 깨달음에 도달하지 못한다 하더라도, 그 과정중에 얻는 소득이 우리에게 너무도 소중하기 때문이지. 인생이 가치 있게 되고 힘 있게 되지.(역자)

아드바이타 철학에서 가장 이해하기 어려운 물음이며, 앞으로
도 거듭해서 물어질 물음이며, 또 계속 남아 있을 물음이 하나

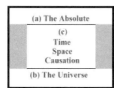

있다. 무한이, 절대가, 어떻게 유한이
되었는가 하는 물음이다. 이 물음에
대해 얘기하려 한다. 설명을 위해 그
림을 하나 보이겠다.

절대$^{\text{The Absolute}}$와 우주$^{\text{The Universe}}$를 (a)
(b)로 나타냈다. 절대가 시간^{Time}, 공간^{Space}, 인과율^{Cousation}(c)을
통해 우주가 된 것이다. 여기서 말하는 우주는 물질 우주만이
아니라, 정신적 우주-하늘과 땅, 존재하는 모든 것-를 모두 포
함하여 말한다. 마음은 변한다. 몸도 변한다. 이런 모든 변하는
것들이 우리 우주를 구성한다. 이 절대(a)가 시간, 공간, 인과
율(c)을 통해 우주(b)가 되었다. 이것이 아드바이타^{Advaita} 철학
의 중심 개념이다. 시간, 공간, 인과율은 절대를 덮고 있는 유리
판(프리즘 혹은 장막-역자)과 같다. 그 유리판을 통해 절대가 우
주로 나타난다. 이를 통해 우리는 직관적으로, 절대에는 시간
과 공간 인과율이 없음을 알 수 있다. 시간의 개념이 거기에는
없다. 마음과 생각의 개념도 없다. 공간의 개념이 없다. 어떤 외
적인 변화도 없다. 오직 하나만이 있는 곳에서는 운동과 인과
율이 있을 수 없다. 이것을 이해하고, 인과율이라는 것은 절대
가 현상으로 타락한 후에 시작된 것임을, 그 전에 있었던 것이
아님을, 우리의 의지나 우리의 욕망 등 그 모든 것들이 그 후에

생긴 것임을 마음속에 새겨두자. 나는 쇼펜하우어의 철학이 베단타의 해석에 있어서 이 부분에서 잘못을 저질렀다고 생각한다. 그의 철학은 모든 것 앞에 의지^{will}를 두려고 했다. 쇼펜하우어는 의지를 절대의 자리에 놓는다. 하지만 절대는 의지로 나타낼 수 없다. 의지는 가변적이고 현상적이기 때문이다. 시간, 공간, 인과율 위에 그어진 선 위에는 변화도 움직임도 없다. 외적인 움직임과, 생각으로 불리는 내적인 움직임이 시작되는 것은 그 선 아래에서만이다. 그 위에서는 의지가 있을 수 없고 따라서 의지는 우주의 원인이 될 수 없다. 쉽게 생각해보더라도, 우리 몸 안에서 의지가 모든 움직임들의 원인이지 않다. 이 의자를 옮긴다. 내 의지가 움직임의 원인이다. 의지는 다른 끝단에서 근육의 움직임으로 드러난다. 그러나 의자를 움직인 힘은 심장과 폐, 또 다른 것들을 움직이기도 한다. 하지만 이때는 의지를 통하지 않는다. 같은 힘이라 볼 때, 그 힘이 의식^{意識}의 차원으로 올라갈 때에만 의지가 된다.(수의근 운동과 불수의근 운동을 비교한 것이다.-역자) 그 차원으로 올라가기 전에 의지라고 부른 것은 잘못된 호칭이다. 이 잘못이 쇼펜하우어 철학에서 많은 혼동을 일으킨다.

돌멩이 하나가 떨어진다. 그리고 우리는 묻는다. 왜 떨어지냐고. 어떤 일도 원인이 없으면 일어나지 않는다는 가정 아래서만 이런 질문이 성립한다. 이것을 마음에 분명히 해두었으면 한다. 왜냐하면 어떤 일이 왜 일어났느냐고 물을 때는 언제나, 그 일어난 어떤 일은 반드시 왜를 가지고 있다는 것, 다시 말해, 그 일은 원인으로 작용하는 다른 어떤 일이 먼저 있었다는 것을 당연하게 받아들인다는 것을 말하기 때문이다. 이 선행先行과 계승의 법칙을 일러 인과율이라 한다. 우주의 만물은 번갈아가며 원인과 결과가 된다는 것을 의미한다. 그 다음에 오는 것의 원인인 것은 그 전에 있었던 것의 결과라는 뜻이다. 이것을 일러 인과의 법칙이라 말하고 우리 모든 사고의 필수적 조건이 된다. 우주의 모든 입자는 그것이 무엇이든 간에 다른 모든 입자들과 연관되어 있다. 이런 개념이 어떻게 생겨났는가에 대한 많은 논의가 있어 왔다. 유럽의 직관적인 철학자들 중에는 인류에게 타고난 본질적인 것이라 말하는 사람이 있고, 어떤 철학자들은 경험에서 습득된 것이라 한다. 하지만 확립된 답은 여전히 없다. 이것에 대해 베단타가 어떤 답을 하는지 나중에 보게 될 것이다. 하지만 우선 이해해야만 할 것은 이 "왜?"라는 질문은 우리를 둘러싸고 있는 모든 사물들이 어떤 선행 사물들을 전제하고 있고, 어떤 다른 사물들에 의해 이어질 것이라는 사실이다. 이 질문에 포함된 또 다른 믿음으로는, 우주의 그 어떤 것도 독립적이지 않다는 것이고, 모든 사물들이 그것 외의 다른 것에 의한 작용을 받고 있다는 사실이다. 상호의존이야말로 전 우주의 법칙이다. 절대를 일으킨 것은 무엇인가라고 묻는다면, 우리는 큰 실수를 범하게 된다. 이 질문을 하려면, 절대도 어떤 것에 매여 있다는, 절대도 어떤 것에 의존하고 있다는 가정을 해야만 한다. 그리고 우리는 이 가정에서 절대를 우주 차원으로 끌어내린다. 절대에는 시간도 공간도 인과율도 없다. 절대는 온통 하나이기 때문이다. 저 스스로 홀로 존재하는 것은 어떤 원인도 가지지 않는다. 자유로운 것은 어떤 원인도 가지지 않는다. 그러지 않는다면 자유가 아니라 묶임이다. 상대성을 지닌 것은 자유로울 수 없다. 따라서 왜 무한이 유한이 되었나 하는 이 질문은 할 수 없는 질문이다. 자가당착이기 때문이다. 약간 모호하고 어려울 수 있다. 하지만 보통의 차원, 상식적 논리로 후퇴해서 말한다면, 좀 다른 측면에서 볼 수 있다. 절대가 상대가 된 이유에 대한 답을 안다면, 절대는 절대絶對로서 유지될까? 아마 상대相對가 되어버릴 것이다. 상식적인 개념에서 볼 때 지식이 의미하는 것은 무엇일까? 우리가 아는, 마음의 영역 안에 있는 어떤 것이다. 만일 마음 저 너머에 있을 때, 그것은 지식이 아니다. 절대도 마찬가지다. 마음에 의해 제한될 때, 그것은 더 이상 절대가 아닌 것이 된다. 유한한 것이 된다. 마음에 의해 규정되는 그 모든 것은 유한하다. 따라서 절대를 안다고 말하면 다시 한 번 용어상의 모순을 범하게 된다. 이것이 앞의 질문이 결코 답을 구할 수 없는 이유이다. 만일 답이 있다면 더 이상 절대가 아닌 것이 된다. 알게 된 신은 더 이상 신이 아니다. 우리들처럼 유한이 되어버린다. 신은 알 수 없다. 신은 언제까지나 알아낼 수 없는 존재다.

　신은 알 수 있음의 단계보다 더 크다고, 아드바이타철학은 말한다. 배워야 할 중요한 사실이다. 오늘 강의를 들은 뒤, 불가지론자들이 말하는 의미에서의 신의 불가지성 개념을 가지고 돌아가서는 안 된다. 예를 들면, 여기에 의자가 있고 우리가 그것을 안다. 하지만 에테르^{ether}(산스크리트어의 akasha를 말하고 공간이라고 옮기는 것이 알맞다. 가장 기본이 되는 우주의 요소-역자) 너머는 무엇이 있는지, 혹은 거기에 사람이 존재하고 있는지 없는지는 알 수 없는 문제다. 신이 무엇인지 모르며 알아낼 수도 없는 것이란 말은 이런 뜻에서다. 그^{He}는 안다는 것보다 훨씬 높은 차원의 것이다. 신을, 모르는 존재, 알아낼 수 없는 존재라 할 때의 의미가 이런 것이다. 어떤 질문의 답이 무엇인지 모르며 알아낼 수도 없는 것이란 뜻으로 쓰인 표현이 아니다. 신은 단순히 알고 모르고의 차원이 아니다. 이 의자는 알아진다. 하지만 신은 훨씬 더 강렬하게 그 의자 이상이다. 왜냐하면 그^{Him, 神} 안에서 또 그를 통해서 이 의자 자체를 알아야만 하기 때문이다. 그는 목격자다. 모든 지식의 영원한 목격자다. 그 어떤 것을 알든, 우리는 그 안에서 그를 통해서 안다. 그는 우리 자기^{the Self}의 정수다. 우리의 이 에고^{this ego}, 이 나^{this I}의 정수다. 우리는 그 나 안에서가 아니거나, 혹은 그 나를 통하지 않고서는, 어떤 것도 알 수가 없다. 그러므로 당신은 브라흐만 안에서 또 그를 통해서 모든 것을 알아야만 한다. 의자를 알려면 신 안에서 또 신을 통해서 알지 않으면 안 된다. 따라서 신은 의자

보다 우리에게 무한히 가깝게 있고, 그럼에도 또한 무한히 높
게 있다. 알아낸 것도, 모르는 상태의 것도 아닌, 하지만 그 둘
의 상태보다 무한히 높은 어떤 것이다. 그^{He}는 당신의 자기^{Self}이
다. "저 축복의 존재가 우주를 채우고 있지 않다면, 1초를 살 사
람이 누가 있으며, 1초를 숨쉴 사람이 이 우주에 누가 있을까?"
그 안에서 그를 통해서 우리가 숨쉬고, 그 안에서 그를 통해
서 우리가 존재한다. 그가, 어디 다른 곳에 서서 우리 피를 돌
게 하는 어떤 것이 아니란 말이다. 이 모든 것의 정수요 핵심이
그^{He}이고, 내 영혼$^{my\ soul}$의 영혼$^{the\ Soul}$이 바로 그^{He}란 말이다. 그
를 안다고 말할 수 있을 어떤 가능성도 없다. 그리한다면 그^{Him}
를 격하시키는 것이 된다. 당신은 당신을 벗어날 수 없다. 마찬
가지로 당신은 그를 알 수 없다. 지식은 대상화이기 때문이다.
예를 들어, 기억 속에서 당신은 많은 것들을 대상화한다. 그것
들을 당신 밖으로 던져내야 한다. 내가 본 모든 것들, 내가 아
는 모든 것들의 기억은 내 마음속에 있다. 이 모든 것들의 상^{像,}
^{picture}이나 인상들은 내 마음속에 있다. 그것들을 생각하거나 알
려고 할 때, 지식 과정의 첫 번째가 그것들을 내 밖으로 던져내
는 것이다. 신은 던져낼 수가 없다. 그가 우리 영^{靈}의 핵심이기
때문에 그를 우리 바깥으로 던질 수가 없다. 이 대목에서 베단
타 철학에서 가장 심오한 구절을 만나게 된다. "네 영^{靈}의 정수
인 그^{He}, 그가 진리고, 그가 자기$^{the\ Self}$이며, 네가 바로 그다$^{Thou\ art}$
^{That}. 오 스웨타케투^{Shvetaketu}(찬도갸 우파니샤드에서 학업을 마치고 집

으로 돌아온 아들의 이름. 아버지와의 대화에서 그것을 알면 모든 것을 알 수 있는 하나의 지식에 대한 언급이 나온다.-역자)여." 이것이 "네가 신이다[Thou art God]"가 의미하는 바다. 어떤 다른 말로 그를 그려낼 수 없다. 그를 이르는, 아버지, 형제, 우리의 가장 친한 벗 등의 온갖 말들은 신을 대상화하려는 시도들이지만, 성공할 수 없는 시도이다. 그는 모든 것들의 영원한 주어이다. 나는 이 의자의 주어이다. 나는 의자를 본다. 마찬가지로 신은 내 영의 영원한 주어이다. 네 영의 핵심인 그, 모든 것의 실체인 그를 어떻게 대상화할 수 있겠는가? 따라서 다시 한 번 반복한다. 신은 알 수 없고 모를 수도 없으며, 그런 두 상태보다 무한히 높은 어떤 것이다. 그는 우리와 함께 있는 이[one]며, 우리와 있는 이 이[one]는 우리 자신[our own self]처럼, 알 수 없고 모를 수도 없다. 당신은 당신 자신을 알 수 없다. 당신 자신을 바깥으로 끄집어내어 쳐다볼 수 있는 목적격으로 만들 수 없다. 왜냐하면 당신이 그것이기 때문이고, 당신 자신을 그것과 분리할 수 없기 때문이다. 또한 모를 수도 없다. 당신 자신보다 더 잘 알 수 있는 것이 무엇이 있겠는가? 당신 자신은 우리 지식의 진짜 중심이다. 꼭 마찬가지로, 신은 모를 수 없고 알 수도 없다. 하지만 그 두 상태보다 무한히 높다. 우리 자신의 진짜 자기[our real Self]이기 때문이다.

"절대의 원인은 무엇인가?"라는 물음이 용어 모순임을 보왔고, 다음으로 아드바이타에서의 신 개념은 이 한덩어리임 이며, 따라서 신 안에서 살고 신 안에서 움직이기 때문에 우리 가 알든 모르든 신을 목적격화할 수 없다는 것을 알았다. 우리 가 무엇을 하든 언제나 그를 통해서 한다. 이제 다음 질문이 온 다. 시간, 공간, 인과율은 무엇인가? 아드바이타는 비이원론이 다. 둘이 없고 하나만 있다. 하지만 우리는, 절대가 시간, 공간, 인과율이라는 장막을 통해 스스로를 다수로 드러낸다는 명제 가 제시됨을 본다. 여기에 이르러 두 개-절대와 마야^{Maya}(시간, 공간, 인과율의 총합)-가 있는 듯이 보인다. 겉으로 보기엔 분명 히 둘이 있는 듯하다. 하지만 아드바이타 철학자들은 둘로 부 를 수 없다고 한다. 둘이 되려면 무언가로부터의 원인에 의하 지 않는 독립된 절대적 존재가 둘 있어야 한다. 우선, 시간, 공 간, 인과율은 독립적인 존재가 될 수 없다. 시간은 전적으로 의 존적 존재다. 시간은 우리 마음이 변함에 따라 늘 변한다. 때로 우리는 꿈에서 여러 해를 사는 것처럼 느낀다. 혹 다른 때에는 여러 달이 한순간에 지나간 것처럼 흘러가기도 한다. 따라서 시간은 전적으로 마음 상태에 의존한다. 그리고 시간 개념은 때로 완전히 사라져버리기도 한다. 공간 역시 마찬가지다. 공 간이 무엇인지 우리는 알 수 없다. 하지만 그것은 정의할 수 없 는 상태로 거기 있고, 다른 모든 것들과 분리되어 존재할 수도 없다. 인과율도 마찬가지다.

　시간, 공간, 인과율에서 발견할 수 있는 한 가지 특이한 속성이라면, 그것들은 다른 것들과 분리되어서는 존재할 수 없다는 사실이다. 색깔이나 경계나 주위에 둘러싸고 있는 다른 사물들과의 연관 없는 공간-그저 절대적 공간을 한번 생각해보라. 그런 공간은 있을 수 없다. 두 개의 경계 안의, 혹은 세 개의 물건 안의 공간만을 생각할 수 있을 뿐이다. 공간이 존재를 지니기 위해서는 어떤 대상물과 연관되어 있지 않으면 안 된다. 시간 역시 그렇다. 절대적 시간의 개념을 가질 수 없다. 선행하는 사건과 이어지는 사건의 두 사건을 상정하지 않으면 안 된다. 승계의 개념에 따라 두 사건을 묶어야 한다. 공간이 외부의 물건들과 연관되어야 하듯이 시간도 두 개의 사건에 의존한다. 그리고 인과율의 개념은 시간, 공간과 뗄 수 없다. 독립적으로 존재할 수 없다는 이것이, 그들의 특성이다. 의자나 벽이 가진 존재조차도 지니지 못한다. 모든 것들 주위를 감싸고 있는 그림자처럼 손으로 잡을 수 없다. 진짜 존재를 가지지 못한다. 하지만 모든 것들이 그것들을 통해 이 우주로 드러나므로 존재하지 않는 것도 아니다. 그러므로 우선 우리는 시간, 공간, 인과율의 조합이 존재도 비존재도 가지지 못한 것을 알게 된다. 다음으로, 그것들은 때로 사라져버린다. 예를 들면, 바다 안에 파도가 있다. 파도는 바다와 동일한 것은 확실하다. 하지만 파도는 파도로서 바다와 차이가 있다. 무엇이 이 차이를 만드는가? 이름과 모양이다. 마음과 모양 안에서의 생각이다. 바다와 분리된 무엇으로서의 파도 모양을 생각할 수 있을까? 분명코 없다. 파도는 언제나 바다와 연관되어 있다. 파도가 스러지면 순식간에 모양이 사라진다. 하지만 모양이 착각은 아니다. 파도가 있는 동안은 모양도 있다. 그리고 우리는 그 모양을 보고 있다. 이것이 마야다.

이 우주 전체는 그러므로 하나의 특이한 모양이라 할 수 있다. 절대는 바다다. 당신과 나, 해와 별들, 그 밖의 모든 것들은 그 바다의 다양한 파도들이다. 그리고 파도들에 차이를 주는 것은 무엇인가? 모양뿐이다. 그 모양이란 시간, 공간, 인과율이고 그것들 모두는 파도에 의존한다. 파도가 없어지면 그것들도 사라진다. 개체가 이 마야를 포기하는 순간, 시간, 공간, 인과율은 사라지고 그는 자유롭게 된다. 모든 싸움은 시간, 공간, 인과율에의 집착─우리의 길에서 늘 방해가 되어오던─을 제거하는 것이다. 진화 이론이란 무엇인가? 거기의 두 요소는 무엇인가? 스스로를 표현하고자 하는 엄청난 잠재력이 그 하나고, 그 표현을 허락지 않으려는 환경과 여건이 또 다른 하나이다. 고투중의 아메바는 다른 몸을 얻어 장애를 극복하면서 그 다른 몸이 된다. 싸움은 마침내 사람이 될 때까지 계속된다. 이제 이 보기를 논리적 결론에 적용해보면, 아메바 안에 있었고 사람으로 진화한 그 힘이, 자연이 그 앞에 가져다놓은 모든 방해물을 극복하고 모든 환경 장애로부터 탈출하는 때가 반드시 오게 된다. 이런 생각을 형이상학적으로 표현하면 다음과 같이 된다.

모든 작용에는 두 가지 구성 성분이 있다. 주체와 객체가 그것인데, 삶의 목적 중 하나는 주체로 하여금 객체의 주인이 되게 하는 것이다. 예를 들어보자. 어떤 사람에게 꾸중을 들으면 내가 불행을 느낀다. 나의 투쟁은 나 자신을 강하게 만들어 환경을 정복하는 것이어서, 꾸중을 해도 불행을 느끼지 않게 되면 된다. 우리 모두가 원하는 방식이다. 도덕이 의미하는 것이 무언가? 주체를 절대에 맞게 조율해서 강하게 만들어, 유한한 우주 자연이 나를 지배하지 못하게 하는 것이다. 우주 자연이란 유한한 것이므로, 그 모든 환경을 무한인 우리가 정복하는 때가 반드시 온다는 것이 우리 철학의 논리적 결론이다.

여기 배워야 할 것이 하나 더 있다. 자연이 유한한 것을 어떻게 알 수 있나? 형이상학을 통해서만 알 수 있다. 우주 자연은 한계들 아래 놓여 있는 무한이다. 그래서 유한이다. 따라서 모든 환경을 정복하게 되는 때가 반드시 와야 한다. 어떻게 그것들을 정복할까? 우리는 모든 객체적 물질세계의 환경을 몽땅 정복할 수는 없다. 불가능하다. 물에 있는 적으로부터 도망하기 위해서 작은 물고기가 할 수 있는 방법이 무얼까? 날개를 진화시켜 새가 되는 것이다. 물고기는 물이나 공기를 변화시킬 수 없다. 변화는 스스로에게 일어나게 해야 한다. 변화는 언제나 주격이다. 진화 전체를 통해서 볼 때 우주 자연에의 정복은 주체의 변화에서 왔다는 것을 알 수 있다. 종교나 도덕에 이것을 적용하면, 악에의 정복은 주체 쪽만의 변화로 왔다는 것을 알 수 있다. 아드바이타 체계가 그의 모든 역량을 인간의 주체적 측면에만 경주한 이유이다. 악이나 비참에 대해 말하는 것은 헛소리다. 인간 바깥에는 존재하지 않기 때문이다. 내가 모든 분노에 대해 면역이 되어 있다면[분노에 영향을 받지 않는다면] 결코 분노를 느끼지 않을 것이다. 모든 증오에 방탄이 되어 있다면 결코 증오심을 느끼지 않을 것이다.

주격, 주관자의 완성에 의해 저 정복을 이루는 과정이 이것이다. 실례를 무릅쓰고 말한다면, 물리적 도덕적 두 측면 모두에서 현대의 연구들과 합치하거나 어쩌면 조금 더 앞서나가는 유일한 종교는, 아드바이타(비이원론적 베단타-역자)가 아닌가 한다. 현대과학자들에게 그처럼 큰 매력이 있는 이유도 이때문일 것이다. 현대의 과학자들은 옛날의 이원론적 이론은 그들에게 불충분하고 자신들에게 필요한 것들을 만족시키지 못한다고 생각한다. 사람은 신앙뿐 아니라 지적 신념도 반드시 가져야 한다. 이제 19세기의 후반부에 이르러, 오랫동안 전해 내려오던 자기 고유종교가 아닌 다른 원천으로부터 나온 신념은 엉터리라는 생각은 약점을 지닌 생각이라는 것이 확인된다. 그런 생각들은 포기되어야만 한다. 나는 이 나라만의 경우가 아니라고 생각한다. 모든 나라들에 다 있지만 우리나라가 최고로 많다. 이 아드바이타는 대중들에게 다가갈 수 없었다. 처음에는 승려들이 이것을 움켜쥐고 숲으로 들었다. '숲의 철학'이라고 불렸다. 하지만 신의 도움으로 붓다가 출현했고 대중들에게 설교했다. 모든 사람들이 불교도가 되었다. 그 후 오랜 시간이 지난 다음, 무신론자들과 불가지론자들이 나라를 또 파괴했다. 그때에 이르러, 아드바이타만이 인도를 물질주의[유물론, materialism]에서 구할 수 있는 유일한 길임을 알게 되었다.

이렇게 해서 아드바이타가 인도를 유물론에서 재차 구한다. 붓다가 오기 전에, 유물론(물질 및 쾌락주의인 차르바카학파를 가리킨다.-역자)은 두려울 정도로 퍼져 있었다. 오늘날의 것과는 달랐지만 훨씬 더 나빴고, 최고로 끔찍한 종류였다. 나는 오직 하나만이 있다고 믿는 사람이기에, 어떤 면에서 보면 나도 유물론자다. 유물론자들은 세상이 하나로만 존재한다고 믿는다. 그들은 물질이라 부르고 나는 신이라 부르는 것이 다를 뿐이다. 유물론자들은 이 물질로부터 모든 희망과 종교와 다른 모든 것들이 나왔다고 한다. 나는 브라흐만으로부터 이 모든 것들이 나왔다고 말한다. 하지만 붓다 출현 이전의 유물론은 좀 조악한 수준의 것이어서, "먹어라, 마셔라, 즐겨라, 신도 없고 영도 없고, 하늘도 없다. 종교는 나쁜 중[승려]들이 만들어낸 엉터리 물약이다"라고 가르쳤다. 살아있는 동안 즐겁게 살려고 애쓰는 것이, 먹을 것을 위해 돈을 빌려야 하고, 갚을 생각은 절대 하지 않는 것이, 도덕이라고 가르쳤다. 그것이 옛 유물론이었고 이런 종류의 철학이 너무 널리 퍼져 있었기 때문에 오늘날에도 '민중철학'이라는 이름을 가지고 있다. 붓다는 베단타를 발견했고 그것을 널리 알렸다. 사람들에게 나누어주었고 인도를 구했다. 붓다 사후 천 년 뒤, 또 다시 비슷한 상황이 만연했다. 대중과 폭도와 여러 종족들이 불교로 개종했지만 세월의 흐름에 따라 불교의 가르침도 타락했다. 대다수의 대중들이 무지했기 때문이었다. 불교는 신이 없고, 우주를 다스리는 자도 없다고 가르쳤다. 대중들은 서서히 그들의 여러 신들과 귀신들, 도깨비들을 다시 들여오기 시작했고, 인도의 불교는 엄청난 뒤범벅의 상태를 연출했다. 다시금 유물론이 전면으로 나왔다. 상층 계급들의 방종과 하층민들의 미신이라는 모양을 띠고 그랬다. 그때 샨카라차리아Shankaracharya가 나타나 다시 한 번 베단타 철학을 되살아나게 했다. 그는 그것을 합리적 철학으로 만들었다. 우파니샤드에서의 주장들은 종종 아주 모호했다. 붓다가 철학의 도덕적 측면을 강조했다면 샨카라는 지적 측면을 담당했다. 그는 아드바이타의 놀랄 만한 일관성 있는 체계를 이끌어내고 논리화하여 사람들 앞에 제시했다.

오늘날, 유럽에 유물론이 팽배하고 있다. 이 현대의 회의론자들의 구원을 위해 아마도 당신들은 기도할 것이지만 그들은 완강하다. 그들은 이성과 논리를 원한다. 유럽의 구원은 합리적 종교에 달려 있다. 그리고 아드바이타-비이원론적인, 한덩어리임의, 비인격적 신 개념의-야말로 지성적인 사람들에게 영향을 미칠 수 있는 유일한 종교이다. 종교가 사라지고 비종교가 판을 칠 때마다 아드바이타가 등장했다. 유럽과 미국에서 기초를 다지게 된 이유도 바로 그것이다.

　이 철학과 관련하여 하나만 더 보태려 한다. 옛 우파니샤드에는 고상한 시들이 있다. 그것을 쓴 작가는 시인들이었다. 플라톤이 말하기를 영감은 시를 통해 사람들에게 온다고 했다. 그 고대의 리쉬[rishi]들, 진리를 본 사람들은 시를 통해 이런 진리들을 보여주기 위해 인류 너머의 차원으로 고양되었던 것처럼 보인다. 그들은 목소리 높여 설교하지 않았고, 현학화하지 않았으며, 마음대로 써제끼지도 않았다. 그들의 심장으로부터 음악이 나왔던 것이다. 붓다 안에서 우리는 위대한 우주적 동정심과 무한한 인내가 종교를 실제적인 것으로 만들어 모든 사람의 문간으로 가져다준 것을 본다. 샹카라차리아 안에서 우리는 엄청난 지성적 힘이 모든 것에 타는 듯한 이성의 불을 비추는 것을 본다. 오늘날 우리는 지성의 밝은 태양이, 붓다의 인정, 사랑과 자비의 놀라운 심장과 합쳐지는 것을 희망한다. 이 연합이야말로 우리에게 최고의 철학을 줄 것이다. 과학과 종교가 만나 손을 맞잡을 것이다. 시와 철학이 친구가 될 것이다. 이것이 미래의 종교가 될 것이고, 우리가 그것을 해낼 수 있다면 모든 시대와 모든 사람을 위한 것이 될 것이라 확신한다. 현대과

학에 수용될 것으로 확인될 하나의 방법이다. 그 수용의 지점
에 이제 거의 다 왔다. 모든 사물들은 하나의 힘이 모양을 드러
낸 것이라는, 과학 교사들의 주장을 들으면, 우파니샤드에서
들었던 신에 대한 얘기가 생각나지 않는가? "하나의 불이 우주
로 들어가 스스로를 여러 모양으로 표현하듯이, 하나의 영혼이
모든 영혼 안에서 자신을 표현할뿐더러, 그것에 더하여 무한
히 더 많은 것으로 표현되지 않는가?" 과학이 어느 쪽으로 가
려고 하는지 보지 못하는가? 힌두민족은 마음의 연구를 통해,
형이상학과 논리를 거치면서 진행해왔다. 유럽 민족들은 외부
자연으로부터 출발하여 이제는 그들도 동일한 결과에 닿고 있
다. 우리는 마음을 통해 찾아서 마침내 저 하나임에, 저 우주적
하나에, 만물의 내적 영혼에, 만물의 그 핵심과 실체에, 영원히
자유하고 영원히 행복하며, 영원히 존재함에 닿았다. 저들 유
럽인들은 물질과학을 통해서 동일한 하나임에 닿았다. 오늘의
과학은, 존재하는 만물의 총합인 하나의 에너지가 발현된 것이
모든 것들[만물, everything]임을 우리에게 말해주고 있다. 또한
인간성의 경향은 자유를 향하지 속박을 향하지 않음을 말하고
있다. 인간은 왜 도덕적이어야 할까? 도덕을 통해서 자유를 향
한 길이 열리기 때문이다. 부도덕은 속박으로 향한다.

　아드바이타 체계가 지닌 또 하나의 특질이라면 아드바이타
는 그 시초부터 비파괴적이라는 데 있다. "다른 이들의 믿음을

흔들지 마라. 비록 무지로 인하여 자신들을 낮은 형태의 종교에 속박한 사람들의 믿음이더라도.”이것은 영광스럽고 담대한 외침이다. 흔들지 말고 더 높이높이 올라갈 수 있도록 그들을 도와주라. 모든 인류를 다 포함해서 도와주라. 이 철학이야말로 모든 것의 총합으로서의 신을 가르치고 있다. 모든 이들에게 적용할 수 있을 보편적 종교를 찾을진대, 그 종교는 어떤 부분들만으로 구성된 것이 아닌, 항상 그들의 모든 것이어야 하고 종교적 발전의 모든 것을 다 포함해야 한다.

이런 사상은 다른 어떤 종교에서도 찾아보기 힘들다. 그들 종교들은 전체를 얻기 위해 애쓰는 것에서는 동일하지만, 그들 모두는 부분들에 불과하기 때문이다. 부분의 존재 이유는 전체이다. 인도에서 아드바이타는 다른 종파와 적대적이지 않았다. 예를 들어 이원론교파는 지금 인도에 있고 신도들도 가장 많다. 이원론이 덜 교육받은 사람들에게 설득력이 크기 때문이다. 이원론이야말로, 우주에 대해 아주 편리하고 자연스럽고 상식적인 설명을 해주기 때문이다. 하지만 이 이원론과도 아드바이타는 다투지 않는다. 이원론은 신이 하늘 어디엔가 있다고 하고, 비이원론은 그$^{\text{He, 신}}$가 우리 자신의 영혼이라고 말한다. 어딘가 먼 곳에 있는 것을 그^{Him}라 부르는 것은 신성모독이 될 것이었다. 분리의 사상은 어떤 것이든 엄격하고 가혹하다. 하지만 신은 가장 가까운 데 있다. 그 최고로 가까운 것을 표현하는 말에, 하나임, 혹은 한덩어리^{Oneness}(아드바이타^{advaita}의 뜻이 이것이다.-역자)라는 단어보다 더 적확한 것은 여러 언어를 통틀어 없다. 이 한덩어리 사상과는 다른 사상들에 아드바이타는 만족할수 없었다. 하지만 이원론자들은 아드바이타의 바로 그 사상에충격을 받았고 신성모독이라 생각했다. 이런 이원론에 만족할수는 없었지만, 그럼에도 불구하고 아드바이타는 이원론자들과 다투지 않았다. 그 다른 사상들도 바른 길일 수 있음을 알고있었다. 이원론자들은 그들의 관점에 따라, 다수를 보아야만했다. 그들의 관점에서는 본질적인 요청이었다. 그들은 그렇게하도록 두자. 그들의 이론이 무엇이든 간에, 이원론자들이 비이원론자 자신들의 목적지와 같은 곳을 향해 간다는 것을 아드바이타 학파는 알고 있다. 이원론자들은 그들과 다른 관점이면무조건 틀렸다고 생각한다. 이 지점에서 두 이론이 확실히 차이가 난다. 전 세계를 통틀어 이원론자들은, 이 세상에서 단 하나의 위대한 실력자로서, 어떤 이들은 좋아하고 다른 어떤 이들은 싫어하는, 인간화된 유일한 인격신을 자연스럽게 믿는다.그 신은 임의적이고 독단적으로 어떤 사람들이나 어떤 민족들을 좋아하고, 그들에게 축복을 퍼붓는다. 이원론자들은, 신은선호^{選好}하는 것들이 있고, 자신들은 그 선호 그룹에 들기를 바란다는 결론에 자연히 이른다. 거의 모든 종교에 다음과 같은사상이 있는 것을 보게 된다. "우리는 신의 선호를 받는 이들이다. 우리처럼 믿음으로써 당신도 신에게 사랑을 받게 될 것이다." 어떤 이원론자들은 너무도 편협해서, 신의 선호에 따라, 구원받도록 사전에 운명 지어진 사람들만 구원받는다고 한다. 나머지 사람들은 아무리 애를 써도 받아들여지지 않는다. 이런 배타성을 갖지 않은 이원론적 종교를 하나만이라도 알려주었으면 좋겠다. 이런 연유로 해서 이원론적 종교는 서로 싸우고 다투게 되어 있고 지금까지 계속 그래 왔다. 다시, 이원론자들은 덜 교육받은 사람들의 허영과 자만심에 흥미를 끌어 인기를 얻어왔다. 배타적 특권을 누린다는 느낌을 좋아했다. 이원론자들은, 손에 막대기를 들고 당신을 처벌하는 신^{God}을 갖지 않는 한, 당신이 도덕적이 될 수 없다고 생각했다. 생각 없는 대중들은 대개가 이원론자들인데, 그들은 불쌍히도 수천 년간, 모든 나라에서 박해를 받아왔다. 구원에 대한 그들의 생각은 그러므로 처벌의 두려움으로부터의 자유를 말한다. 미국에서 한 목사가 내게 물었다. "뭐라고요! 당신 종교에는 악마가 없다고요? 어떻게 그럴 수 있나요?" 하지만 이 세상에 태어난 지고 지선의 한 사람이야말로, 저 고귀한 비인격적 사상으로 일했던 것을 우리는 안다. 그의 힘이 후대의 수백만 인간들에게 계승되었던 그 인간$^{the Man}$(예수-역자)이 한 말이다. "나와 내 아버지는 하나다." 수천 년 동안 이 말은 확실히 작용해왔다. 또한 우리는 이 말을 한 그 사람이 비이원론자였고 타인들에게 자비로 왔던 것을 안다. 인격적 신 이상의 것을 이해하지 못했던 대중들에게 그는 "하늘에 계신 아버지께 기도하라"고 말했다. 높은 것을 파악할 수 있었던 사람들에게는 "나는 포도나무요, 너희는 가지다"라고 말했다. 하지만 자기 자신을 그들에게 좀더 완전히 드러내보였던, 그의 제자들을 향해서는 최고의 진리를 선포했다. "나와 내 아버지는 하나다."

또 한 인간이 있었다. 이원론적 신들은 돌아보지 않았던, 무신론자 혹은 유물론자로 낙인찍혔던, 하지만 악인을 위해 자기 몸을 기꺼이 바칠 준비가 되어 있었던 사람, 그는 위대한 붓다였다. 그는 어떤 나라라도 지닐 수 있는 보편적 도덕사상의 도화선에 불을 붙였다. 도덕적 규준이 있는 곳 어디서나 그로부터 나온 빛줄기가 있었다. 우리는 위대한 인류의 심장들을 좁은 한계 속으로 강제할 수 없다. 거기 가둘 수 없다. 백 년 전만 해도 꿈도 꿀 수 없었던 수준의 지적 발전이 있는, 50년 전만 해도 어떤 사람도 꿈꿀 수 없었던 과학지식의 파도가 밀려드는, 인류사 가운데서의 오늘은 특히 그렇다. 좁은 한계 속으로 그들을 강제하면 그들을 짐승이나 생각 없는 대중으로 격하시킨다. 그들의 도덕적 삶을 죽인다. 오늘날 우리에게 요구되는 것은, 위대한 심장과 최고의 지성이 결합하는 것이다. 무한한 사랑과 무한한 지식이 결합하는 것이다. 이제 베단타 철학은 신에게 단 셋의 속성만 부여한다. 신은 무한한 존재요, 무한한 지식이요, 무한한 행복[bliss][사랑]이다. 그리고 신은 이 셋을 하나로 여긴다. 지식과 사랑이 없는 존재는 있을 수 없다. 사랑이 없는 지식과 지식이 없는 사랑도 있을 수 없다. 우리에게 필요한 것은 존재와 지식과 무한 사랑의 조화다. 그것이 우리의 목표다. 우리는 한쪽만으로의 발전이 아닌 조화를 원한다. 샨카라의 지성과 붓다의 사랑을 함께 가질 수 있음이 가능하다. 그 축복된 결합을 얻기 위해 모두 애썼으면 좋겠다.

3장
인간의 참된 본성
런던에서의 강의

사람이 나이가 들면 우선 희망이 희미해진다. 왜? 남은 날이 얼마 없으니까. 어떤 일에의 동기부여도 없어지거나 약해진다. 왜? 힘이 없어지고 에너지가 떨어지고 능률이 떨어지니까. 정말 그렇다. 거의 99퍼센트의 사람들이 몸과 마음으로서의 자기에게 거의 100퍼센트 중독되어 있다. 이른바 물질주의자나 불가지론자들이다. 과연 영혼은 있을까? 최근에 자주 얘기되는 임사체험[NDE]을 본다. 혹은 자기 몸 밖에서 자기를 보는 신체이탈 체험[OBE]을 본다. 아주 흥미로운 내용들이었다. 미국의 에벤 알렉산더나 레이먼드 무디 등, 그런 체험을 한 의사들의 책도 구해 읽는다. 급기야는 셀프 최면 프로토콜을 복사해서 스스로의 과거생을 보려고 시도하고 크리스탈 볼을 구해 한참을 바라보기도 했다. 하지만 그것들 모두는 객관과 목적격에 대한 관찰들이었다. 자기 주위에 일어나는 것들을 보고 듣고 확인하는 방법이었다. 문제는 주체에 대한, 목격자에 대한 것들이다. 주격과 주관에 관한 사실 확인이다. 임사체험이 있고 신체이탈 체험이 있고 자기 과거생이 있음을 알고 그것을 체험한다고 하자. 그 뒤엔 무엇이 오는가? 알 수 없다. 앞으로도 알 수 없을 것이다. 호기심으로 가득 찬 일련의 과정을 알고 또 체험하고 난 뒤, 우리에게 남는 것은 무엇일까? 영원과 죽음은 그런 류의 지식으로 해결될 수 있는 문제일까? 이런 말이 생각난다. '물질이나 에너지 등 3인칭 객관에 의해서는 결코 우주의 어떤 것도 알 수 없고, 이루어질 수도 없다.'

힌두 공부는 죽음과 환생보다 훨씬 더 큰 스케일의 공부다. 그래서 임사체험을 다시 생각한다. 아예 하나이고 한덩어리인데 오고감이 어디 있을까? 내 몸이 어디 있고 아스트랄^{astral}이 어디 있으며 내 혼이 어디 따로 있어서 천장 위로 떠서 내려다볼까? 태어나서 올 곳이 어디 있고 죽어서 갈 곳이 어디 있을까? 둘 이상이 되어야 대상화가 된다. 보거나 생각하거나 느낄 수 있게 된다. 오로지 하나이고 한덩어리일 경우는 그럴 수가 없다. 설혹 임사체험을 스스로 겪고 확인하더라도 해결책은 아니다. 신기한 한 현상에 대한 호기심을 충족하는 것일 뿐이다. 비베카난다가 말했다. 죽어 있는 것, 물질인 것들에 스스로 생명의 숨을 불어넣고 그것이 좋다고 가까이 하고, 싫다고 멀리한다. 그것이 우리다.(역자)

사람이 감각기관에 매여서, 그것을 놓지 않으려는 집착은 대단하다. 하지만 사람들이 그 안에서 살아가고 있고 움직이고 있는, 감각기관의 대상이 되는 외부 세계가 아무리 생생하게 여겨지더라도, 개인이나 종족들의 삶에서 부지불식간에 이렇게 묻는 때가 온다. "이 보이는 세상이 진짜인가?" 자신이 지닌 감각들의 진정성에 대해 한순간도 의문을 품지 않았던 사람에게라도, 삶의 모든 시간들이 감각적 즐김으로 꽉 차 있었던 사람에게라도 죽음은 온다. 그리고 이렇게 물을 수밖에 없게 된다. "이게 진짜일까?" 종교는 이 질문에서 시작되고 여기에 대한 대답에서 끝난다. 기록된 역사가 없었던 먼 과거에서도, 신비스런 신화 속에서도, 문명의 희미한 여명에서도, 같은 물음이 물어진 것을 우리는 본다. "이거 어떻게 되는 걸까? 뭐가 진짜일까?"

가장 시적인 우파니샤드 중의 하나라 할 카타 우파니샤드는 이런 의문으로 시작된다. "사람이 죽는다. 이런 논쟁이 일어난다. 한 쪽에서는, 사람이 죽으면 아무것도 없이 다 끝난다고 한다. 다른 쪽에서는 무언가 여전히 계속 있다고 한다. 어떤 게 맞는가?" 여러 답들이 주어졌다. 모든 형이상학, 모든 철학, 모든 종교는 이 질문에 대한 다양한 답으로 채워져 있다. 이와 동시에, "저 너머에는 무엇이 있나? 뭐가 진짜인가?"라고 묻는 물음에서 비롯하는 동요를 그치게 하려는, 그것을 억누르려는 시도도 있어 왔다. 하지만 죽음이 있는 한, 이 시도는 언제까지나 실패할 수밖에 없을 것이다. 저 너머의 것은 아무것도 보지 않게 하고, 지금 이 순간에 우리의 모든 희망과 동경을 가두어 놓는 것에 대해 얘기하며, 감각세계 이상의 것에 대해 아무것도 생각하지 않으려 아주 애쓸 수도 있을 것이다. 외부의 모든 것들은 우리를 아주 좁은 경계 안에 있도록 도와줄 수도 있을 것이다. 세상 모든 것이 서로 협력하여, 우리로 하여금 현재 너머로 확장되는 것을 막을 수도 있을 것이다. 하지만 죽음이 있는 한, 질문은 거듭 거듭 다시 올 것이다. "모든 실체 가운데 가장 진짜인 것인 양하는 죽음, 모든 본질들 중 가장 본질적인 것인 양하는 이 죽음이라는 것, 이 죽음에 이르면, 우리가 집착하고 있는 이 모든 것들은 끝나는 것인가?" 세계는 한순간에 사라지고 가버린다. 무한히 깊은 계곡이 입을 벌리고 있다. 그 벼랑의 한쪽 가장자리에 서서, 제 아무리 강한 마음을 가졌다 해도 주춤거리면서 이렇게 묻지 않을 수 없다. "이게 진실인가?" 가장 위대한 마음이 그 모든 힘을 모아, 조금 조금씩 쌓아왔던 일생의 희망들이라도, 한순간에 사라져간다. 이게 진짜인가? 반드시 대답돼야 할 물음이다. 세월이 흐른다고 이 물음에 주어지는 힘이 빠지지는 않는다. 오히려 세월은 이 질문에 힘을 더 보탠다.

　행복해지려는 욕망도 있다. 우리는 행복해지기 위해 모든 것을 쫓아간다. 우리는 감각이 지배하는 바깥세상에서 열광적으로 경력을 추구한다. 성공적인 삶을 사는 젊은이에게 물어보면, 그런 삶이 진짜라고 말한다. 그리고 실제로 젊은이는 그리 생각한다. 하지만 같은 그 사람이, 나이가 들어 드디어는, 모든 행운들이 그를 피해갔음을 알았을 때, 이윽고 죽음이 왔을 때, 어쩔 수 없는 운명이라고 말할 것이다. 결국 욕망은 채워질 수 없음을 안다. 어디를 가든, 넘어갈 수 없는 견고한 벽이 쳐져 있는 것을 안다. 모든 감각 행위는 반응을 결과한다. 모든 것이 덧없다. 즐김, 비참, 사치, 부, 권력, 가난, 삶 그 자체마저, 모든 것이 덧없다.

이럴 때, 인류가 취할 수 있는 입장은 두 가지다. 하나는 허무주의자들의 그것이다. 모든 것이 헛것이다. 우리는 어떤 것도 알 수 없다고 한다. 미래와 과거는커녕 현재도 모른다고 한다. 그들과 함께, 과거와 미래를 부정하면서 현재에 갇혀버리기를 원하는 사람들도 있다. 정신이 온전치 못한 사람이지 않을까? 아버지와 어머니를 부정하면서 아이는 확실하게 받아들인다는 논리와도 같은 것이다. 과거와 미래를 부정하려면 현재는 피할 수 없이 부정되어야 한다. 이것이 허무주의자의 입장이다. 하지만 가능하지 않은 태도다. 단 일 분간도 제대로 허무주의자인 사람을 나는 보지 못했다. 말로는 너무 쉽다.

그리고 다른 하나의 입장이 있다. 제대로 된 설명을 찾고, 진짜를 찾고, 이 끊임없이 변하고 덧없는 세상의 한가운데서, 진실한 것이라면 그것이 무엇이든 발견하고자 하는 입장이다. 물질 분자의 집합체인 이 몸 안에, 진실된 것은 어떤 것일까? 역사 전체를 통해 그 탐색이 이어져왔다. 아주 오랜 옛날에는, 사람의 마음 안으로 빛이 들어오는 것을 흘낏 보는 때도 있었다. 이 육신의 몸과 아주 닮았지만, 그것보다 훨씬 완전하고, 육신의 몸이 흩어지고 난 뒤에도 남아 있는 것이 있어, 이 육신의 몸 너머로 한 걸음 더 나아가는 것도 보았다. 리그베다에는 죽은 육신을 태우는 불의 신에게 바치는 노래가 있다. "그를 데려가세요, 오! 불의 신이여, 당신의 팔로 곱게 안아서, 완전한 몸을 주세요, 밝은 몸을, 조상들이 계신 곳으로, 슬픔이 없고, 더 이상 죽음이 없는 곳으로." 이런 개념은 모든 종교에 다 있다. 신화적 단어의 옷을 입고 있든, 명료한 철학적 언어를 쓰든, 아름다운 시적 표현 속에 있든, 이 개념은 사람이 원래의 것에서 타락된 것임을 말하고 있다. 모든 경전과 모든 신화로부터 알 수 있는 하나의 사실로, 사람은 그 전의 상태로부터 퇴행되어 지금의 사람이 되어 있다. 유대인의 경전에 있는 아담의 타락 얘기의 핵심도 이것이다. 스스로 죽으려 하지 않는 한 죽지 않고, 원하는 때까지 몸을 보전할 수 있고, 그 마음이 깨끗하고 강건한, 진실의 시대라 불리는 그 시절에 대한 꿈. 힌두 경전에도 이 얘기는 되풀이되어 있다. 거기엔 악도 없고 비참도 없었다. 지금 시절은 그 완전의 시절로부터의 타락이다. 이런 얘기들 사이사이에, 대홍수의 얘기가 모든 지역에서 나온다. 그 얘기들 자체가, 지금 시대는 지난 시대가 타락되어 생긴 것임을 증명하고 있는 셈이다. 모든 종교에서 다 그렇게 말한다. 점점 타락을 계속하여 많은 사람들이 홍수에 쓸려갈 때가 오고 나서, 다시 위를 향해 올라가는 일련의 진행이 시작된다. 천천히 위로 상승하여, 그 오래 전의 순결의 상태에 다시 닿는다. 구약성서 대홍수편을 모두 알고 있을 것이다. 바빌로니아, 이집트, 중국, 그리고 인도, 모든 곳에 같은 얘기가 유포되어 있다. 위대한 현자 마누Manu가 갠지스 강둑에서 놀고 있을 때, 작은 잉어 한 마리가 도움을 요청하며 그에게 왔다. 작은 도자기 항아리를 가지고 있던 마누는 거기에 물고기를 숨겨주었다. 마누가 물었다. "어떻게 하면 좋을까?" 큰 물고기가 쫓아오니 도와달라고 했다. 그 물고기를 집으로 가져왔다. 다음 날 아침이 되니, 그 사이에 잉어는 항아리만큼 커져 있었다. 물고기가 말했다. "이 항아리에서는 더 못 살 것 같아요." 마누는 큰 물통으로 옮겨주었다. 그 다음 날이 되니, 그 물통만큼 커진 물고기가 거기서도 살 수 없다고 말했다. 마누는 다시 다른 강으로 데려갔다. 다음 날은 강을 가득 채울 정도로 커졌다. 마누는 큰 바다로 물고기를 데려갔다. 그때 물고기가 말했다. "마누여, 나는 우주의 창조주예요. 내가 이 모양으로 변한 것은, 당신에게 와서, 내가 대홍수를 일으킬 것이라고 경고해주기 위함이었소. 큰 방주를 만드시오. 그 안에 모든 종류의 동물 한 쌍씩을, 또 당신의 가

족을 태우시오. 그런 후면, 내 뿔이 물 위로 튀어나올 거요. 거기에 방주를 잘 묶으시오. 홍수가 잦아들면, 나와서 사람들로 땅을 채우시오." 그리하여 땅은 대홍수를 맞게 되었다. 마누는 그의 가족과 모든 동물과 식물의 종류마다 한 쌍씩을 보전했다. 홍수가 지나가고 물고기의 말대로 땅을 채웠다. 이렇게 하여 우리를 사람^{Man}이라 부르게 되었다. 마누의 자손들이기 때문이다.

또한, 인간의 언어란 것도 내면의 진리를 표현하기 위한 하나의 수단에 불과하다고 할 수 있다. 아기들은 그것을 표현할 신체기관이나 수단을 갖지 못했기 때문에, 소리로만 구성되어진 아주 비지성적인 표현방법을 쓰지만, 사실은 가장 높은 철학을 표현하기 위한 한 시도라고 한다. 설득력이 있는 주장이다. 가장 높은 철학자의 언어건 아기들의 울음이건, 그 내는 소리들은 종류^{種類}가 아니라 정도^{程度}에서 다르다. 현대의 가장 정확하고 체계적이며 수학적인 말과, 고대의 흐릿하고 신비적이며 신화적인 말의 차이도 정도의 차이로서만 다른 것이다. 그것들 모두, 그 너머에는 스스로 표현하고자 하는 어떤 장대한 생각이 담겨 있다. 종종, 이 고대의 신화들 이면에는 진리의 금덩어리가 있고, 말하기는 좀 미안하지만, 반짝반짝 빛나는 현대의 말들도 오히려 그 이면을 보면, 영락없는 쓰레기인 경우도 있다. 그러므로 신화의 옷을 입고 있다고, 그것이 현대의 것과 맞지 않다고 내던져버릴 필요는 없다. 어떤 종교가 이런저런 예언자들이 가르친 신화들을 믿어야 한다고 했다고, 그 종교를 비웃어야 한다면, 현대의 예언자들 역시 비난받아야 할 것이다. 지금 시절에는 어떤 사람이 모세나 붓다나 예수를 인용하면 비웃는다. 하지만 그런 사람에게 헉슬리나 틴들^{Tyndall}(19세기 아일랜드의 저명한 물리학자-역자), 다윈의 이름을 들려줘보라. 맛도 보지 않고 삼킬 것이다. "헉슬리가 그리 말했다." 많은 사람에겐 이 말로 충분하다. 우리는 정말 미신으로부터 자유롭다! 앞서의 것은 종교적 미신이다. 그리고 후자는 과학적 미신이다. 하지만 저 옛 미신의 경우, 그 안에, 그 미신을 통해, 생명을 주는 영성의 개념이 함께 있었다. 반면, 현대의 미신을 통해서는 탐욕과 갈망이 왔다. 현대의 미신은 더러운 돈과 명성, 권력을 숭배한다. 이것이 다른 점이다.

다시 신화로 돌아가보자. 이 신화들 뒤에는 아주 거대한 하나의 개념이 자리한다. 인간이 그 전의 자신으로부터 타락했다는 사실이 그것이다. 현대의 연구는 이런 입장을 결코 받아들이지 않는다. 특히 진화론자들은 이 주장을 전면적으로 반박한다. 그들에 따르면 인간은 연체동물로부터 진화했다. 따라서 신화의 말은 진실이 될 수 없다. 하지만 인도에서는 이 두 입장을 모두 수긍할 수 있는 하나의 신화적 논리가 존재한다. 인도 신화가 가지고 있는, 모든 진행은 파도의 모양을 갖고 있다는 순환의 논리가 그것이다. 모든 파도는 떨어짐이 있다. 다음 순간은 올라간다. 그런 후엔 다시 떨어지고 또 올라간다. 움직임은 순환된다. 현대의 연구 역시 그 바탕에는 그러하므로, 인간이 단순히 진화만 할 수는 없다는 것은 확실한 진실이다. 모든 진화는 퇴축退縮, involution을 전제한다. 기계의 경우, 이전에 넣어둔 에너지 양만을 그 기계에서 얻을 수 있다고 현대과학은 말한다. 아무것도 없는 것에서 어떤 것이 만들어질 수는 없다. 인간이 연체동물에서 진화된 것이라면 완전한 인간이-부처 인간이든, 예수 인간이든-그 연체동물 안에 포함되어 있었어야 한다. 만일 그렇지 않다면, 이 거대한 인격들이 어디로부터 왔단 말인가? 어떤 것이라도 아무것도 없는 것에서 나오지 않는다. 경전은 이런 방식으로 현대적 지식과 타협할 수 있게 된다. 여러 단계를 거쳐 완전한 인간이 되기까지, 천천히 스스로를 드러내는 저 에너지는, 없음으로부터 나올 수가 없다. 어딘가에 있었을 것이다. 연체동물과 원형질이 우리가 추적할 수 있는 최초의 것이라면, 원형질이든 혹은 또 다른 어떤 것이든, 그것은 반드시 그 에너지를 가지고 있었을 것이다.

우리의 몸은 물질이 모인 덩어리다. 우리가 영혼, 생각 등으로 부르는 것은 일종의 힘이고 에너지다. 물질이 힘의 원인인가, 반대로, 힘이 물질의 원인인가? 이런 물음에 대한 거대한 논의가 진행되고 있다. 어떤 현대 사상의 학파는, 우리가 생각

이라고 부르는 것은 우리가 몸으로 부르는 기계의 어떤 부분
품들이 세부적으로 섬세하게 조합된 것일 뿐이라고 주장한다.
영혼이나 생각 덩어리들이 몸이라는 기계의 소산이라고, 몸과
뇌를 구성하는 물질이 물리적 화학적으로 조합되어 만들어진
것이 영혼이나 생각이라고 이 학파는 주장한다. 하지만 이것
은 좀 모자라는 주장으로 보인다. 그렇다면 몸은 무엇인가? 분
자를 몸이라는 형태로 조합하는 것은 무엇의 힘인가? 물질들
의 입자에서 취사선택하여 내 몸을 하나의 방식대로 만드는 한
편, 다른 몸은 또 다른 방식으로 만드는 등등의 일을 하는 것은
과연 무엇의 힘인가? 무한히 다른 이런 분별을 만드는 것은 무
엇인가? 영혼이라는 힘이 몸 분자들의 조합에서 만들어진 산
물이라고 하는 것은 말 앞에 수레를 두는 격이다. 그 조합은 어
떻게 생기며, 그것들을 만드는 힘은 어디에 있었나? 이 조합들
을 만든 원인이 되는 또 다른 힘이 있고, 영혼이 그 조합된 물
질의 소산이라고 말한다면, 그 영혼-어떤 물질의 조합-은 그
자체로 물질 조합의 결과물이다. 그러므로 이것은 논리에 맞지
않다. 전부는 아니라도 대부분의 사실을 설명할 수 있는 이론,
다른 이론들과 모순되지 않는 이론이 있어야 할 것이다. 물질
을 취하여 몸을 형태 짓는 그 힘이야말로, 그 몸을 통해 드러나
는 힘과 동일한 것이라 말하는 것이 더 논리적일 것이다. 따라
서 몸을 통해 드러나는 생각의 힘들이 분자 배열의 산물이라고
말하는 것이나, 독자적 존재를 지니지 못한다고 말하는 것은

의미가 없다. 두 주장 모두, 힘이 물질에서 진화된 것으로 보게 하는 데 도움이 안 된다. 반면에, 우리가 물질로 부르는 것들이 전혀 독립된 존재가 아니라는 것은 증명할 수 있다. 물질은 힘의 어떤 한 상태일 뿐이다. 물질의 단단함, 경도, 고체성, 혹은 여타 다른 상태 등은 움직임의 결과임을 증명할 수 있다. 액체에 소용돌이 운동을 증가시키면, 고체의 힘을 만들 수 있다. 토네이도에서처럼, 소용돌이 운동 속의 기체 덩어리는 고체 비슷하게 되어 그 충격으로 고체를 파괴하거나 관통한다. 거미줄을 무한한 속도로 움직일 수 있게 한다면 쇠로 만든 사슬만큼 강해져서 참나무 둥치를 자를 것이다. 이런 방식으로 보면, 우리가 물질이라고 부르는 것이 독립적으로 존재하지 않음을 보다 쉽게 증명할 수 있을 것이다. 하지만 힘[에너지]이 없다는 것을 증명할 수는 없다. (영혼, 힘, 에너지를 동일한 존재로 보고 있고, 다른 한편으로 물질은 독립적으로 존재하지 않는다고 말하고 있다.-역자)

몸을 통해 스스로를 드러내는, 이 힘이라는 것은 과연 무엇인가? 그게 무엇이든 간에 우리 모두에게 분명한 사실은, 입자들을 주워 모아 그것들로부터 형태-인간의 몸-를 빚어내는 어떤 것이다. 당신과 나를 위해 몸을 만들어준 것은 이것 외에 어떤 다른 것도 없다. 나를 위해 음식을 먹어주는 어떤 다른 사람도 있지 않다. 내가 그 음식으로부터 소화하고 동화작용을 하여, 피와 뼈, 그 밖의 모든 것을 만들어야 한다. 이 불가사의한 힘은 무엇인가? 미래나 과거에 대한 생각들은 많은 사람들을 겁나게 한다. 또 다른 많은 사람들에게는 공론으로만 비칠 수도 있다.

　우리는 지금이라는 주제를 놓치지 않고 가자. 우리를 통해 지금 작동하고 있는 이 힘은 무엇인가? 옛날에는, 이 힘, 이 힘의 현현을, 사람 몸의 형태를 지니면서 몸이 떨어져가고 난 뒤에도 그대로 유지되는 어떤 밝은 물질로 생각했다. 모든 옛 경전을 통해 그것을 알 수 있다. 그 다음 단계에서는, 이 밝은 몸$^{bright\ body}$(미세체[subtle body], 베단타에서는 이것을 마음^{mind}으로 본다.-역자)과 그 힘이 같은 것이 아니라는, 보다 고차원의 생각에 이르게 된다. 모양을 지닌 것은 어떤 것이든, 입자들이 모인 합성물의 결과여야 하고, 그 뒤에서 그것을 움직이는 어떤 다른 것이 있어야 할 필요가 있다. 이 육신의 몸이 그것을 조종하는 어떤 다른 몸-밝은 몸-이 필요하다면, 꼭 같은 필요성에 의해, 그 밝은 몸과는 다른 어떤 것이 그 밝은 몸을 조종하기 위해 필요진다. 그리하여 그것을 일러 영혼이라, 산스크리트어로 아트만이라 부르게 된다. 눈에 보이는 바깥의 육체적 몸을, 밝은 몸을 통해 부리는 것이 아트만이다. 밝은 몸은 마음을 담는 용기이고 아트만은 그 밝은 몸 뒤에 있다. 그것과 마음은 다르다. 그것은 마음에 작용한다. 그리고 마음을 통해 몸에 작용한다.

당신은 아트만을 가지고 있고 나도 아트만을 가지고 있다. 우리 모두는 각각의 아트만을 가지고 있다. 또한 각각의 미세한 몸(밝은 몸 sukshima sharira, 마음-역자)을 가지고 있다. 그것을 통해 눈에 보이는 육체적 몸$^{sthula \, sharira}$에 작용한다. 다시 질문이 일어난다. 이 아트만의 본성이 무엇인가? 몸도 마음도 아닌 인간의 이 영혼, 이 아트만은 무엇인가? 이에 대한 방대한 논의가 뒤따랐다. 많은 사색이 이루어졌고 다양한 철학적 탐구가 있었다. 이 아트만에 대해 도달한 결론들 가운데 약간을 이제 여러분들에게 보이고자 한다. (gross body, subtle body, causal body의 셋으로 나눈 분류에 의하면, 지금 말하는 밝은 몸은 중간인 subtle body[미세체]에 해당한다. 죽을 때 빠져나와 다른 gross body를 찾아가는 유령과 같은 존재를 말한다. 몸과 마음으로 나눌 때의 마음에 해당한다. 베단타에서는 몸과 마음의 안쪽에 가장 중심된 주인으로서의 의식[consciousness, awareness]이 있다고 한다. 이것을 아트만이라 하지만 우리에게는 산스크리트어 samvid, sakshi, cit, chaitanya 등이 오히려 편안한 용어이다. 혼동을 일으키는 영혼 대신, 의식[意識]으로 옮기는 것이 좋다.-역자)

여러 다른 철학 학파들 간에 합의를 이룬 주장에 의하면, 이 아트만은, 그것이 무엇이든 간에, 모양[3차원의, form]이나 형상[2차원의, shape]을 가지지 않는다. 그리고 모양과 형상을 가지지 않는 것은 모든 곳에 다 있다는 것에 동의한다. 시간은 마음과 더불어 시작되고 공간 역시 마음 안에 있다. 인과의 법칙도 시간 밖에서는 있을 수 없다. 연속된 승계의 개념 없이는 어떠한 인과 개념도 불가능하다. 시간, 공간, 인과율 등은 마음 안에 있고, 아트만은 마음 너머에 있으며 모양이 없으므로, 아트만은 시간과 공간, 그리고 인과율 너머에 있다. 시간, 공간, 인과율 너머에 있다면 무한한 것이어야 한다. 바야흐로 우리 철학에서의 최고의 사색에 이른다. 무한은 둘이 될 수 없다. 영혼이 무한이라면 반드시 단 하나의 영혼이어야 한다. 그리고 너는 너의 한 영혼, 나는 나의 한 영혼, 등등의 여러 영혼이 있다는 생각은 참이 아니게 된다. 그러므로 진짜의 인간은, 하나요 무한인, 어디에나 있는 영혼이다. 눈으로 보이는 인간은 그 진짜 인간의 한갓 한정에 불과하다. 이런 의미에서, 신화가 말하는 바, 겉으로 드러나 보이는 인간은 제 아무리 위대하더라도, 진짜 인간의 희미한 반사에 불과하다는 말은 맞다. 인과율 너머에 있고 시간과 공간에 묶이지 않은, 진짜의 인간, 영(혼)은 따라서 자유이어야 한다. 결코 묶이지 않았고 묶을 수 없다. 시간, 공간, 인과율에 묶인, 눈에 보이는 인간은 자유롭지 않다. 혹은 우리 철학자들 간에 쓰는 언어로 말하면, 그 인간들은 묶인 것으로 보이지만 실제로는 묶이지 않았다. 이것이 우리 영혼, 우리의 편만성, 우리 영의 본성, 이 무한 안에 있는 진실이다. 모든 영혼이 무한이므로 탄생과 죽음에 대한 질문은 불필요하다. 어떤 아이들에게 교사가 문제를 냈다. 좀 어려운 문제였다. 그

중에 이런 것이 있었다. "지구는 왜 떨어지지 않지?" 아마도 중
력에 대한 답을 끌어내기 위한 것이었던 것 같다. 대부분의 아
이들이 답을 못했고 몇몇 아이들만이 중력 등등의 말을 했다.
한 반짝이는 아이가 이런 반문으로 대답했다. "어디로 떨어져
야 하는 거지요?" 질문이 엉터리였다. 지구는 어디로 떨어져야
하는가? 지구에는 떠오름도 떨어짐도 없다. 무한한 공간에는
위도 아래도 없다. 그것들은 오직 상대에서만 있다. 무한에게
가고 옴이 어디 있겠는가? 무한이 어디서 와서 또 어디로 간단
말인가?

  따라서, 사람이 과거와 미래에 대한 생각을 그치면, 또 가고
오고 한정되어 있는 육신이란 생각을 포기하면, 그때에 사람은
높은 차원의 사고로 올라간다. 진짜 사람은 육신이 아니고, 마
음 역시 아니다. 마음도 찼다가 이지러지기 때문이다. 진짜는
영$^{the Spirit}$이다. 그 하나만이 영원히 산다. 육신과 마음은 끊임없
이 변하고, 실로 그것들은 가변적인 일련의 현상에 붙인 이름
에 불과하므로, 계속적인 흐름 속에 있으면서 끊임없는 물줄기
의 모습으로 나타나는 것과 같다. 이 육신 안의 모든 입자들은
끊임없이 변한다. 몇 분 동안만이라도 꼭 같은 몸을 가진 육신
은 없지만 우리는 같은 육신으로 생각한다. 마음도 마찬가지다
(베단타에서는 마음도 물질로 본다.-역자). 한순간 행복했다가 다
음 순간 불행하다. 한순간 강하다가 다음 순간 약해진다. 한 시

도 쉬지 않는 소용돌이다. 그러므로 마음은 무한한 영이 될 수 없다. 변화라는 것은 한정되고 제한된 속에서만 일어난다. 무한이 어떤 식으로든 변한다는 것은 헛소리다. 그럴 수 없다. 당신도 움직이고 나도 움직인다. 한정되고 제한된 몸으로서다. 이 우주의 모든 입자는 끝없는 흐름 상태에 있다. 하지만 우주를, 하나의 단위로 하나의 전체로 보면, 그것은 움직일 수가 없다. 움직임, 운동은 언제나 상대적인 것이다. 나는 무엇인가 다른 것과 비교되어 움직인다. 이 우주의 여느 입자는 다른 여느 입자와 비교하여 변한다. 하지만 전체 우주를 하나로 볼 때, 무엇과 비교하여 움직일 수 있겠는가? 그것 외에는 아무것도 없다. 그러니 이 무한 단위는 변할 수 없고, 움직일 수 없으며, 절대이다. 이것이 진짜 인간이다. 그러므로 우리의 실체는 전체를 포괄한 것 속에 있지 한정된 것 속에 있지 않다. 우리를 끝없이 변하는, 한정된 작은 존재들로 생각하는 것은 아무리 그게 편하더라도 지난 세월의 착각이다. 사람들은 자신들이 어디서나 편만한 우주적 존재라는 말을 들으면 놀란다. 우주의 모든 것을 통해 일하고, 우주 안의 모든 발을 통해 걸으며, 우주 안의 모든 입을 통해 말하고, 우주에 있는 모든 심장을 통해 느낀다.

이 얘기를 들으면 놀란다. 그러면서 자신들의 개인성을 계속 지킬 수 있느냐고 묻고 또 묻는다. 개인성이란 무엇일까? 나는 그것을 한번 보고 싶다. 아기는 수염이 없다. 어른으로 자라면 구레나룻이나 턱수염이 생길 것이다. 만일 개인성이 육신에 있다면 그 사람의 개인성은 상실될 것이다. 마찬가지로 눈 한 쪽, 손 하나를 잃게 되어도 개인성을 상실할 것이다. 그리고 주정뱅이는 그의 개인성을 지키기 위해선 음주를 포기하지 말아야 할 것이고, 도둑도 개인성을 유지하기 위해 착한 사람이 되어서는 안 될 것이다. 개인성 상실이 우려되어, 사람들은 습관을 바꾸어서는 안 될 것이다. 무한 안에 있는 것 외에는 어떤 개인성[개성, 인격]도 없다. 변하지 않음을 만족시키는 유일한 조건은 이 무한뿐이다. 다른 모든 것은 끝없는 흐름의 상태에 있다. 개인성은 기억 속에도 있지 않다. 머리를 한 대 맞아 과거를 몽땅 잊어버렸다고 하자. 그러면 모든 개인성이 상실되는 것이다. 나는 끝난 것이다. 내 경우, 아주 어릴 적 2-3년을 기억하지 못한다. 기억과 존재가 같은 것이라면 내가 잊은 것 모두는 끝난 것이다. 내가 기억하지 못하는 내 일부분의 생애는 내가 살지 않은 것이다. 이런 것들은 개인성에 대한 아주 좁은 이해다.

우리는 아직 개체가 아니다. 개인성을 향해 분투하고 있는 중일 뿐이다. 그것은 무한이다. 그것이 인간의 진짜 본성이다. 자신의 삶이 무한 안에 있는 사람만이 살고 있는 것이다. 그리고 우리의 삶을 한정된 것들에 집중시키면 시킬수록 우리는 죽음에 더 빨리 다가간다. 우리의 삶이 무한 안에 있을 때 그 순간들에만 우리는 산다. 그 밖의 때, 그 작은 삶에서의 삶은 죽음이다. 그냥 죽음이다. 죽음의 공포가 오는 이유도 이것이다. 이 우주를 무한으로 볼 때, 그 무한 우주 안의 하나의 삶으로 있는 동안만 그가 산다는 것을 깨닫는 때, 그때에만 죽음의 공포가 극복될 수 있다. "나는 모든 것에 있어요, 모든 사람 속에 있어요, 모든 생명 속에 있어요, 내가 우주예요"라고 말할 수 있을 때, 그때에만 두려움 없는 상태가 온다. 끝없이 변하는 것들 속에서 불멸을 말하는 것은 헛소리다. 옛날 어느 산스크리트 학자는 말했다. 개인성을 지니는 것은 영靈뿐이다. 그것이 무한이기 때문이다. 무한은 나눌 수가 없고 파편들로 부서지지 않는다. 영원히 나누어지지 않는 하나의 단위로서 언제나 똑같은 것이다. 이것이 개체로서의 인간, 진짜 인간이다. 눈에 보이는 인간은 저 너머에 있는 개체성을 표현하려고 애쓰는, 현현하고자 애쓰는 투쟁일 뿐이다. 그리고 영 안에는 진화가 없다. 계속 진행되는 이런 변화들-악인이 선인이 되는, 짐승이 사람이 되는-은 영 안에서는 없다. 그것들은 자연의 진화요, 영의 현현일 뿐이다. 당신과 나 사이에 가림막이 하나 있고, 그 막 가운데 작은 구멍이 있어, 내가 여러분들을 전부는 아니고 약간만을 볼 수 있다 하자. 그 구멍이 조금씩 커져 내 앞의 광경들이 점점 더 많이 드러나 결국에는 막 전체가 사라지고 당신들 모두와 얼굴을 서로 맞댈 수 있게 된다 하자. 이 경우, 당신은 아무것도 변하지 않았다. 진화한 것은 구멍이요, 당신들은 점점 더 자신들을 드러낸다. 영도 이와 같다. 완전함은 얻어지는 것이 아니다. 얻을 수 있는 것은 완전함이 아니다. 당신은 이미 자유롭고 완전하다. 종교니, 신이니, 내세니 하는 이런 생각들은 무엇인가? 무엇이 인간들로 하여금 신을 찾게 했나? 모든 나라, 모든 사회에서 사람들로 하여금, 인간에서든, 신에서든, 또 다른 것에서든, 완벽한 이상理想, ideal을 원하게 하는 것은 왜인가? 그 까닭은 그 이상이 당신 안에 이미 있기 때문이다. 당신 자신의 심장 고동이 그것이다. 당신은 그것을 모르고 있고, 바깥의 딴 곳에서 찾고 있다. 그를 찾게 하고 그를 체현하게 하려고 재촉하는 것은 바로 당신 자신 안에 있는 신이다. 사원과 교회, 땅과 하늘의 여러 곳을 오랜 동안 찾아다니다가 마침내 당신 자신의 영혼으로 돌아온다. 당신이 온 세상을 찾아 헤매던 그, 교회와 사원에서 울면서 기도하던 그, 구름 속에 가려져 있던 신비 중의 신비로 바라보던 그, 그가 다른 곳이 아닌 가장 가까운 곳에 있음을 발견한다. 당신 삶과 육신과 영혼의 실체이자 당신 자신인 것을 발견한다. 그러면서 당신이 처음에 그리기 시작했던 원을 완성하면서 돌아온다. 깨끗해지는 것이 아니라 이미 깨끗하다. 완전해지는 것이 아니라 이미 완전하다. 세계는 그 너머의 진실을 숨기고 있는 가림막과 같다. 우리가 하는 모든 좋은 생각이나 행동은 실상 그 가림막을 찢는 일에 불과하다. 그리할 때, 그 너머의 순결, 그 너머의 무한, 그 너머의 신은 스스로를 더 많이 드러낸다.

이것이 인류의 전체 역사다. 가림막이 얇아질수록 저 너머의 빛이 점점 많이 비친다. 빛의 본성이 비춤이기 때문이다. 그것은 알아낼 수가 없다. 하지만 우리는 헛되게 알려고 한다. 알 수 있는 것이라면, 지금의 그것이 아닐 것이다. 그것은 영원한 주격이기 때문이다. 지식은 한정적이고 지식은 목적격화한다. 그것은 모든 것의 영원한 주격이고 이 우주의 영원한 목격자이며 당신 자기 자신^Self이다. 지식은 말 그대로 한 단계 낮은, 하나의 퇴행이다. 우리는 이미 영원한 주체이다. 우리가 어떻게 그것을 알 수 있을까? 모든 사람의 진짜 본성이 그것이고 그것을 표현하기 위해 사람들은 다양한 방법들을 통해 애쓰고 있다. 그렇지 않다면, 어째서 그리도 많은 윤리 규범들이 있겠는가? 그 모든 윤리들을 어떻게 설명하겠는가? 모든 윤리 체계에는, 중심으로 여겨지는 하나의 생각이 있다. 여러 가지로 나타나겠지만, 간단히 말해, '다른 이들을 잘 대하라'라는 말로 표현된다. 인류를 이끄는 동기가 있다면, 사람들에게 착한 일을 하고 싶고, 동물들에게 착한 일을 하고 싶은 것이다. 하지만 이것은 저 영원한 진리인 "나는 우주요, 이 우주는 하나다^I am the universe; this universe is one"라는 말의 한 변형에 불과하다. 아니라면 무슨 다른 동기가 있나? 내가 내 동료 인간에게 잘해야 할 이유가 어디에 있는가? 무엇이 나를 그렇게 다그치나? 동정심이다. 모든 곳에서의 같음에 대한 감정이다. 가장 냉정한 심장도 때로 다른 존재들에 대한 동정심을 느낀다. 당연하고 대단한 것으로 여기던 개성이나 개인성이 사실은 착각에 지나지 않는다. 이런 개인성들에 집착하는 것이 부끄러워해야 할 일이라는 말을 듣고는 깜짝 놀라는 사람까지도, 완전한 자기 포기야말로 모든 도덕성의 중심이라는 말에는 수긍하곤 한다. 그렇다면 완전한 자기 포기란 뭘 의미할까? 이 드러난 자기의 포기, 모든 이기적인 것의 포기를 말한다. "나 그리고 나의 것-아항카라^{Ahamkara} 그리고 마마타^{Mamata}(둘 모두 자기를 가리키는 산스크리트어-역자)"-는 지난 시절의 미신의 결과물이다. 또한 풀로 붙어 있는 이 현재의 자기를 닦아내면 낼수록, 진짜 자기$^{the\ real\ Self}$가 더 많이 드러난다. 이것이 진짜 자기 포기다. 모든 도덕적 가르침의 중심과 바탕과 요점이다. 사람이 이 사실을 알든 모르든, 전체 세계는 어쨌든 조금씩 그것을 실행하면서 천천히 그것을 향해 나아가고 있다. 인류의 대다수 많은 사람들이 무의식적으로 그리하고 있다. 그들로 하여금 의식적으로 하게 하라. 이 "나 혹은 나의 것"이 진짜 자기가 아니라 한계에 불과한 것임을 알고서 희생 행위를 하게 하라. 하지만 저 너머에 있는 그 무한의 실체를 한 번 흘끗 보는 것-모든 것 전체인 그 무한의 불꽃이 한 번 번쩍 튀는 것-이 진짜 인간이 무엇인지를 알게 한다. 무한이 인간의 진짜 본성인 것이다.

  이런 사실을 아는 것의 효용과 효과와 결과는 무엇인가? 오늘날은 모든 것을 효용으로 판단한다. 그것이 지닌 돈의 액수가 얼마인지를 가지고 판단한다. 어떤 사람이 저 진리를 무슨 권리로 요청하느냐고 묻는 물음도 효용과 돈의 기준으로 판단된다. 효용이 없다면 진실함도 적어지는가? 효용이 진실함의 시금석이지는 않다. 그럼에도 불구하고, 이것에는 최고의 효용이 있다. 우리가 알기로, 모든 사람이 찾아 마지않는 것이 행복이다. 하지만 대부분의 사람들은 덧없고 가짜인 물건들에서 그것을 찾는다. 이제까지 감각으로부터 행복이 찾아지지는 못했다. 감각으로부터나 감각의 즐김으로부터 진정한 행복을 찾았다는 사람은 하나도 없었다. 행복은 영靈으로부터만 찾아졌다. 따라서 인류를 위한 최고의 효용성은 이 행복을 영으로부터 찾는 것에 있을 것이다. 그 다음의 요점은, 무지가 모든 비참의 최고 어머니라는 사실이다. 그리고 가장 근본적인 무지는, 무한이 슬퍼하고 보챈다고 생각하는 것, 그He가 유한이라 생각하는 무지다. 우리 불멸이, 늘 순결함이, 완전한 영이 스스로를 작은 마음과 작은 몸이라고 알고 있는 것이다. 이것이 모든 이기적인 삶의 어머니다. 내가 이 작은 몸이라고 생각하는 순간, 다른 몸들을 희생하여, 내 몸을 아끼고 보호하며 멋진 것으로 유지하려 한다. 그리하여 너와 나는 분리된다. 이 분리의 생각이 생기는 순간, 모든 곤란한 일들로의 문이 열리고 모든 비참이 찾아든다. 오늘을 사는 인류의 아주 작은 부분이라도, 이기심과 좁음, 그리고 작음이 자기라는 생각을 옆으로 치워놓는다면, 내일 이 땅은 낙원이 될 것이다. 하지만 기계와 물질 지식의 발전만을 함께한다면, 그런 내일은 결코 오지 않을 것이다. 그것들은 비참만을 증가시킬 것이다. 불꽃에 기름을 붓는 것과 같을 것이다. 영에 대해 무지한 모든 물질 지식은 화재에 기름을 끼얹는 것이 될 뿐이다. 다른 사람에게 속한 것을 취하는 데 필요한 연장을, 이기적인 사람 손에 하나 더 들려주는 것이 될 뿐이다. 다른 사람들을 위해 자기 생명을 포기하는 대신에 말이다.

또 다른 물음이 남아 있다. 이런 사실들이 진리라면 그 진리는 과연 현실적인가? 실천될 수 있는 것인가? 현대 사회에서 이루어질 수 있을까? 진리는, 고대와 현대를 막론하고 어떤 사회에도 충성하지 않는다. 사회가 진리에 충성해야 한다. 그러지 않으면 그 사회는 죽는다. 사회는 진리에 의해 주조되어야 한다. 진리는 사회에 자신을 맞추어서는 안 된다. 이기적이지 않아야 된다는 그런 고귀한 진리가 사회에서 현실화되지 못한다면, 사람은 그 사회를 포기하고 숲으로 드는 것이 나을 것이다. 용감한 사람은 그런 사람이다. 두 종류의 용기가 있다. 대포알에 맞서는 용기가 하나다. 영적 신념을 지키는 용기가 다른 하나다. 인도를 침략했던 어떤 황제에게 그의 스승이 말했다. 가서 현자들을 찾아보라고. 오래 찾아다닌 끝에 한 현자를 찾았다. 아주 나이든 사람이 바위 위에 앉아 있었다. 조금 얘기를 나눈 황제는 이 현자에게 감동되었다. 현자더러 자기와 함께

자기 나라로 가자고 말했다. 현자는 거절했다. "이 숲에서의 삶
이 아주 만족스럽다." 황제가 말했다. "돈, 지위, 부, 모든 것을
주겠소. 나는 세계의 황제요." "나는 그런 것에 관심 없다." 현
자가 말했다. 황제가 다시 말했다. "안 가면, 죽이겠소." 현자가
미소 지으며 평온하게 말했다. "듣던 말 중에서 가장 어리석은
말이다. 황제여. 당신은 나를 죽일 수 없다. 태양이 나를 바짝
말릴 수 없고, 불이 나를 태울 수 없다, 칼이 나를 죽일 수 없다.
나는 태어나지도, 죽지도 않고, 늘 살아있으며, 전능하고, 편재
한 영이다." 이것이 영적 용감함이다. 앞서의 것은 사자와 호랑
이의 용감함이다. 1857년의 폭동(세포이항쟁. 영국군에 소속된 힌
두, 이슬람, 시크교의 인도인들이 일으킨 군사반란. 최초의 독립전쟁으
로 부르기도 한다.-역자) 때, 아주 위대한 영혼인 한 힌두 승려가
있었다. 회교도 폭도 한 사람이 그를 칼로 심하게 공격했다. 힌
두 폭도들이 그를 잡아 승려 앞으로 데려와 처분을 기다렸다.
하지만 승려는 조용히 그를 바라보면서 말했다. "형제여, 당신
이 그다. 당신이 신이다!" 그러면서 숨을 거두었다. 이것이 또
다른 예에 해당한다. 당신들의 근육이 힘세다고 자랑하면 무슨
좋은 일이 있는가? 당신들 서구의 대학들의 우수성을 자랑한
들 무슨 득이 있는가? 진리와 당신 사회를 일치시키지 못한다
면, 최고의 진리에 맞는 사회를 만들지 못한다면 말이다. "이타
적인 용기는 현실적이지 않다"고 일어서서 고백할 수밖에 없
다면, 당신들의 장대함과 위대함을 자랑한들 무슨 득이 있는

가? 파운드나 실링이나 펜스를 빼면 현실적이고 실제적인 것이 아무것도 없는가? 만일 그렇다면, 당신들 사회를 왜 자랑하는가? 최고의 진리가 현실화되는 사회가 최고의 사회다. 이것이 내 생각이다. 사회가 그 최고의 진리에 맞지 않는다면 그렇게 만들어라. 빠를수록 좋다. 일어나라. 여러분들이여. 용감하게 진리를 믿자. 용감하게 진리를 실천하자! 세계는 기껏 수백 명의 용감한 사람들을 원할 뿐이다. 담대하게 이 진리를 알고, 삶 속에서 진리를 보여주며, 죽음 앞에서 떨지 않고 죽음을 환영하며, 사람이 무엇인지를 알게 하고, 그가 영인지를 알게 하고, 이 전 우주에서 어떤 것도 그를 죽이지 못함을 알게 하는 그 용기를 실천하자. 그리할 때, 당신은 자유롭게 될 것이다. 그리할 때 당신의 진짜 영혼을 알게 될 것이다. "이 아트만은 처음에는 들어야 하고, 다음에는 생각해야 하고, 그 다음에는 명상해야 한다."

현대의 우리들은 일에 대해 많이 얘기하고 생각은 등한시하는 경향이 있다. 그래, 일을 잘하면 아주 좋다. 하지만 일은 생각에서 나온다. 근육을 통한 에너지의 작은 발현을 일러 일이라 한다. 하지만 생각이 없는 곳에서는 일도 있지 못한다. 그러므로 높은 생각으로 높은 이상으로 뇌를 채워라. 늘 당신 앞에 그 생각이 자리하게 하고 그것으로부터 위대한 일이 나오게 하라. 불순함에 대해 말하지 말라. 우리가 깨끗하다고 말하라. 우리는, 우리가 작고, 우리가 태어났고, 우리가 죽어가고 있다고, 그리고 늘 두려운 상태에 있다고, 스스로를 너무 오래 최면시켜 왔다.

젊고 몸집 큰 암사자 한 마리에 대한 얘기가 있다. 먹이를 찾아다니다가 양떼를 발견하고 덮쳤는데 그 와중에 죽게 된다. 하지만 죽기 전에 그 사자에게서 새끼 사자가 태어난다. 양들이 사자를 키웠고 새끼 사자는 그 속에서 자랐다. 풀을 먹고 양처럼 매매거리며 울었다. 어쨌든 세월은 흐르고 이윽고 다 큰 사자가 되었다. 자신이 양이라 생각했다. 그런 어느 날, 다른 사자 한 마리가 먹이를 찾다가 양 무리 속에 있는 이 사자를 발견하고 놀라게 된다. 마치 양처럼 자신을 보고 도망가는 것이었다. 그 양이 된 사자에게 다가가, 양이 아니라 사자라는 것을 알려주려 했다. 하지만 불쌍한 그놈은 달아나기만 했다. 기회를 엿보던 사자는 어느 날 이 양-사자가 잠자고 있는 것을 발견한다. 다가가서 말했다. "넌 사자야." "난 양이에요." 불쌍한 사자는 자신이 사자란 말을 믿을 수 없었다. 그러면서 양처럼 매매 울었다. 사자는 그를 호수로 데려갔다. "자, 봐라. 너와 내가 비친 모습을." 무언가 변화가 왔다. 양-사자가 사자를 보았고 자신의 비친 모습도 보았다. 그 순간에 자신도 사자인 것을 알게 되었다. 양-사자가 포효했다. 매매 소리가 사라졌다. 당신들도 마찬가지다. 사자다. 영이며, 순결이며, 무한이며, 완전이다. 우주의 힘이 당신 안에 있다. "친구여, 왜 울고 있는가?
당신에겐 태어남도 죽음도 없다. 왜 우는가? 병도 비참도 당신
에겐 없다. 당신은 무한한 하늘과 같다. 다채로운 색깔의 구름
들이 그 하늘을 가리고 있다. 구름은 조금 그렇게 노니다가 사
라져 없어진다. 하지만 하늘은 영원히 변함없는 푸른 하늘이
다." 왜 사악함을 보는가? 나무 그루터기 하나가 있었다. 어둔
밤에 도둑이 보고는 "경찰이 있구나"라고 한다. 애인을 기다리
는 젊은이가 보고는 그의 사랑하는 사람이라고 한다. 귀신 얘
기를 들은 아이는 그것을 보고 귀신으로 알고 비명을 지른다.
하지만 그건 늘 나무 그루터기일 뿐이다. 우리는 우리 나름으
로 세상을 본다. 어떤 방에 아기 하나가 있고 테이블 위에 금이
들어 있는 가방이 놓여 있는데, 도둑이 들어 금을 훔쳐 갔다 하
자. 금을 도둑맞았다는 것을 아기가 알까? 우리 안에 있는 것
을 우리 바깥에서 본다. 아기의 안에 도둑은 없다. 그래서 바깥
에서 도둑을 못 본다. 모든 지식이 그렇다. 세상의 사악함과 그
모든 죄를 말하지 말라. 당신이 여직 사악함을 보는 것에 붙들
려 있는 것을 슬퍼하라. 모든 곳에서 죄를 보는 것에 붙잡혀 있
는 당신을 슬퍼하라. 세상을 돕고 싶다면 세상을 저주하지 말
라. 더 이상 세상을 약화시키지 말라. 죄니 비참이니 하는 것들
모두가 유약함의 결과이지 않나? 오랜 동안의 잘못된 가르침
으로 세상은 하루하루 더 약해지고 있다. 어릴 때부터 사람들
은 자신들이 약하고 죄인이라고 배운다. 비록 겉으로 보기에

는, 가장 허약한 이라 할지라도, 그들 모두가 불멸의 영광스러운 자식들임을 가르쳐야 한다. 아주 어릴 때부터 그들의 뇌 속에 긍정적이고 강하고 도움이 되는 생각이 들어가도록 하자. 당신들 자신들도, 약화시키고 마비시키는 사고가 아니라 이런 강한 사고들에 열려 있도록 하자. 스스로의 마음에 말하자. "내가 그다, 내가 그다.I am He, I am He"라고. 낮이나 밤이나, 마음속에 노래처럼 울리게 하여, 죽는 시간에도 "내가 그다"라고 외치게 하자. 이것이 진실이다. 우주의 무한한 힘이 당신 것이다. 당신 마음을 덮고 있던 미신을 몰아내자. 우리 모두 담대해지자. 진실을 알고 진실을 실천하자. 목표는 멀리 있을지 모른다. 하지만 깨어나자. 일어나자. 목표에 이를 때까지 멈추지 말자.

4장

체현

1896년 10월 29일 런던에서의 강의

카타 우파니샤드 얘기

영어에 renunciation이라는 단어가 있다. 원래는 욕망의 포기, 자제라는 뜻이 있는데, 나는 이것을 불교에서의 출가(出家)라는 뜻으로 새기곤 했다. 바가바드기타에서, 왕자 아르주나가 전쟁에 나가 친지들을 죽일 바에는 차라리 출가의 길을 가겠다고 고집을 부리자, 크리슈나 성인이 크게 나무라면서 크샤트리아의 길에 충실한 것이 출가라고 말하는 장면이 나온다. 비베카난다는 이렇게 말한다. "세상일에 머리를 들이대면서 정신없이 빠져드는 것도 잘못된 길이요, 세상을 나무라면서 히말라야로 들어 명상 중에 죽어가는 것도 잘못된 길이다." 비베카난다가 말하는 출가는 이렇다. 우주나 세상 모두를 하느님으로 보아라. 그것이 출가이다. 그것이 욕망 포기^{renunciation}다.

철학자 헤겔은 변증법이라는 유명한 철학도구를 만들었다. 정正과 반反과 합合의 과정을 거쳐 세계는 변화 발전한다고 말한다. 헤겔의 변증법은 인간의 밖으로 나간다. 밖으로 목적물로 표현되는 모든 것은 유한이다. 비베카난다가 말했다. "유한을 통해서는 결코 무한에 닿을 수 없다." 변증법은 비참과 유한을 재배치하는 것에 불과하다. 인간의 안으로 회전해야 무한에 닿을 수 있다. 이것이 진리를 향한 욕망 포기이다. 유한으로는 무한의 목표에 닿을 수 없다. 원천을 향해 내면으로 후진해야 한다. 어느 승려가 슬라보예 지젝에게 물었다. 그는 마지막 헤겔리안이라고 불린다. 현존하는 최고의 헤겔리안 학자다. "내가 보기에 헤겔의 변증법은 아드바이타 베단타의 얼개와 아주 닮아 있다. 선생의 생각은 어떤가?" 그가 말했다. "맞다. 그는 베단타를 훔쳤다. 이차 문헌만을 보고 참고할 수밖에 없었지만…" 헤겔은 동양에는 철학이 없다고 무시했던 사람이다. 그런 그의 제자가 베단타의 크레딧을 인정했다. 그것도 불법 도용당했다고 했다. 헤겔에게서 유물 부분만을 따내서 유용한 사람에 마르크스도 있다. 하지만 그들과 다른 사람도 물론 있다. 쇼펜하우어는 그의 『의지와 표상으로서의 세계』 앞부분에 자기 사상의 출처를 베다라고 적어 놓았다. 그는 평생 페르시아어로 번역된 우파니샤드를 읽었다. 그가 프랑크푸르트에서 독신으로 살 때의 반려는 아트만이었다. 27년간 함께했던 푸들 강아지의 이름이 아트만이었다.(역자)

　우파니샤드 한 편을 읽으려 한다. 이 우파니샤드는 에드윈 아놀드 경이 『죽음의 비밀』이란 제목으로 번역하기도 했다. 종전 강의에서 우리는, 세상의 기원과 우주의 창조에 대한 탐구가 바깥으로부터의 만족할 만한 답을 얻는 데 실패하여 안으로 그 방향을 바꾼 것을 보았다. 이 우파니샤드는 그 탐구를 심리학적으로 받아들여 인간의 내적 본성을 묻고 있다. 처음에 외적 세상을 만든 이가 누구인지를 물었고, 그 세상이 어떻게 존재하게 되었는지를 물었다. 이제 그 다음으로 이 질문을 묻는다. 사람을 살게 하고 움직이게 하는 것은 무엇인가? 그리고 사람이 죽으면 그것은 어떻게 되는가? 최초의 철학자들은 물질적 본질을 탐구했다. 그를 통해 궁극에 닿으려 했다. 하지만 고작 발견한 것은 우주에 대한 인격적 지배자―아주 크게 확대된 인간, 하지만 실제로는 인간일 뿐인―였다. 그러나 그것이 진리 전체가 될 수는 없었다. 기껏해야 부분적 진리일 뿐이었다. 그때, 우리는 이 우주를 인간적으로 보았다. 그리고 신은 우주에 대한 우리의 인간적 설명이었다.

　이를테면 어떤 소가 철학적이 되어 종교를 가지면, 어떤 문제들에 대해 소의 우주를 가지고 소로서의 해답을 얻게 될 것이다. 그 소가 반드시 우리 인간의 신을 봐야 한다는 생각은 가능치 않다. 다시 예를 들어, 고양이들이 철학자가 된다면, 고양이가 지배하는 고양이의 우주를 보게 되고 우주의 문제들에 대한 고양이의 해답을 얻게 될 것이다. 이렇게 생각해보면, 우주에 대한 우리의 설명은 해답 전부가 아님을 알게 된다. 우주에 대한 우리의 개념은 우주 전체를 포괄하지 못하기도 할 것이다. 사람들이 쉽게 빠지곤 하는, 엄청나게 이기적인, 사람 위주의 태도를 받아들이는 것은 커다란 잘못이 될 것이다. 우주적 문제에 대한, 바깥으로부터 얻게 되는 이런 해결책들은, 우리가 보는 이 우주가 우리만의 특별한 우주, 우리만의 관점에 의한 실체라는 한계 때문에 곤란에 빠진다. 우리 감각으로 볼 수 없는 실체는 우리가 이해할 수 없다. 우리는 인간 오감을 지닌 존재의 관점으로부터 확인되는 우주만 안다. 우리가 다른 감각을 가지게 되면 우주는 달라질 수밖에 없다. 만약 우리가 자기磁氣에 대한 감각을 가진다면, 지금의 우리가 알지 못하는 어마어마하게 많은 힘의 존재를 알 수 있을 것이다. 우리 감각은 제한되어 있다. 실로 극히 제한적이다. 이런 제한 속에 우리가 우주라고 부르는 것이 존재한다. 그리고 우리의 신은 그 우주에 대한 해답이다. 하지만 전체 문제에 대한 해답이 될 수 없다. 인간은 거기서 멈출 수 없다. 인간은 생각하는 존재여서 이 모든 우주를 포괄적으로 설명할 수 있을 해답을 원한다. 인간의 그것, 신들의 그것, 모든 가능한 존재들의 그것이 동시에 되는, 하나의 우주를 보기를 원한다. 또한 모든 현상들을 다 설명할 수 있을 해답을 발견하려고 한다.

우리는 모든 우주들을 다 포함하는 우주를 우선 발견해야 한다. 이 모든 다양한 존재 영역을 꿰뚫는 소재가 될 수 있는 어떤 것을 반드시 발견해내야 한다. 감각기관을 통해 파악할 수 있건 없건 간에 말이다. 낮은 세계나 높은 세계를 막론하고 공통된 속성으로 생각되는 어떤 것을 발견할 수 있다면 우리의 문제는 풀리게 될 것이다. 모든 존재에 대한 하나의 기초가 있어야만 함을, 비록 논리의 힘만으로라도 이해할 수 있다면 우리의 문제는 해답에 어느 정도 접근할 수 있을 것이다. 하지만 이 해답은 우리가 보고 아는 우주만을 통해서는 얻을 수 없음이 명백하다. 왜냐하면 그 우주는 전체의 한 부분적 관점에 불과하기 때문이다.

더 깊게 들어가야만 희망이 있다. 고대의 사상가들은 중심으로부터 멀어질수록 변이와 분화가 두드러짐을 알았다. 또한 중심에 가까이 갈수록 단일체에 더 다가감을 알았다. 원의 중심에 다가갈수록 모든 반지름이 만나는 공통 기반에 가까워진다. 그리고 원의 중심에서 멀어질수록 다른 것들과 방사형 선이 더 불일치하게 된다. 외부 세계는 중심으로부터 너무 멀기 때문에 존재의 여러 현상들이 만날 수 있는 공통 기반이 없게 된다. 기껏해야 외부 세계는 전체 현상의 한 부분에 불과할 뿐이다. 심적 영역, 도덕적 영역, 지적 영역 등, 존재의 다양한 다른 영역들도 있다. 그리하여 어떤 하나의 영역을 택해서 그것으로부터 전체의 해답을 구한다는 것은 전혀 불가능하다. 그러므로 우리는 우선 존재의 모든 다른 영역들이 시작되는 중심으로서의 어떤 자리를 발견하려 한다. 그 자리에 서서 해답을 찾아야 한다. 이런 논리 전개는 논리학적으로 객관적 사실을 보여주는 것으로, 하나의 명제라 할 수 있다. 그렇다면 그 중심은 어디에 있는가? 우리 안에 있다. 고대의 현자들은, 인간 영혼 가장 깊숙한 핵심이야말로 전체 우주의 중심임을 발견할 때까지, 깊이깊이 파고들었다. 모든 차원들이 그 한 점을 향해 끌려들었다. 이것이 공통기반이다. 그곳에서만 우리는 공통 해답을 구할 수 있다. 따라서 누가 이 우주를 만들었는가 하는 물음은 별로 철학적이지 않다. 그에 대한 해답도 별로 가치가 없다.

이 카타 우파니샤드[Katha Upanishad]는 아주 비유적인 언어로 말한다. 오랜 옛적에 한 부자가 살았다. 그가 가진 모든 것을 신에게 바치고 사람들에게 나누어주어야 하는, 큰 희생 제사를 지냈다. 하지만 실제로는 그렇게 하지 않았다. 그 희생제를 통해 명성과 명예를 얻기 바랐지만, 정작 자기에게 더 이상 필요하지 않은 것들만 희생물로 내주었다. 더 이상 새끼를 배지 못하는, 눈먼, 다리를 못 쓰는, 늙은 소들만 내주었다. 그런 그에게 나치케타[Nachiketas]라는 아들이 있었다. 그의 아버지가 희생제를 준비하면서 스스로 한 맹세를 깨고, 옳지 않은 일을 한 것을 본다. 하지만 아버지에게 어떻게 말해야 할지를 몰랐다. 고대 인도에서, 자식들에게 부모는 살아있는 신이다. 아버지에게 최대의 존경으로 다가가 공손하게 물었다. "아버지의 희생제는 가진 것 모두를 다 바치는 것이어야 하는데, 그렇다면 아버지, 저는 누구에게 바칠 셈인가요?" 이 질문에 아버지는 크게 당황한다. "아비가 제 아들을 희생물로 바치다니, 애야, 그게 무슨 말이냐?" 하지만 아들은 같은 질문을 두 번, 세 번을 다시 한다. 화가 난 아버지가 말했다. "죽음[Yama]에게 주련다." 그리하여 아들은 죽음의 신인 야마를 찾아가는 것으로 얘기는 이어진다. 가장 처음으로 죽은 인간이 야마였다. 그는 죽어서 하늘로 가, 모든 조상들의 우두머리가 되었다. 착한 사람들이 죽으면 그와 함께 오랫동안 있게 된다. 아주 고결하고 순전한 이로서, 이름이 의미하는(yama: 의무 준수, 자제 등을 뜻함-역자)대로 품위 있고 선했다.

그리하여 소년은 야마가 있는 세계로 간다. 하지만 신들도 가끔 집을 비우는 수가 있어서, 소년은 그가 돌아올 때까지 사흘을 집 앞에서 기다려야 했다. 사흘이 지나자 야마가 돌아왔다. 야마가 말했다. "오, 배운 바 있는 사람이여. 여기서 사흘을 먹지도 않고 나를 기다렸구나. 존경을 받아 마땅한 사람이구나. 너에게 경의를 표한다. 오! 브라민의 아이여, 내게 이 무슨 행운인가. 집을 오래 비워서 미안하다. 대신에 세 가지 상을 내리고 싶다. 기다린 하루에 한 가지씩, 세 가지 소원을 들어주겠다." 소년이 말했다. "첫 번째 소원은 제게 대한 아버지의 화가 풀어지는 것입니다. 제가 여기를 떠나 다시 집으로 돌아갈 때 저를 받아들여주시도록 해주세요." 야마는 아무 문제 없도록 하겠다며 승낙했다. 다음 소원은, 사람을 하늘로 가게 할 수 있는 희생제는 어떻게 해야 하는가에 대해 알고 싶다는 것이었다. 사람이 죽어서 가, 밝은 몸으로 그들의 조상과 함께 있을 수 있는 하늘에 대한 기록이, 아주 오래 전 베다의 삼히타^{Samhita} 부분에 있다는 것을 우리는 안다. 다른 가르침도 조금씩 더해졌지만, 베다의 그 기록만으로는 여전히 부족했다. 보다 고차원적인 것이 필요했다. 하늘에서의 삶은 지상에서의 삶과 크게 다르지 않았다. 기껏해야 아주 건강하고 부유한 삶, 많은 감각적 만족과 함께, 병 없는 건강한 몸으로 사는 삶일 뿐이었다. 보다 세련된 것일지언정 이 물질적 삶 외의 것이 아니었다. 그리고 우리는 이 외적인 물질적 세계가 결코 해답이 될 수 없다는 것을 이미 보아왔다. 이 세계가 해답이 될 수 없다면, 그것을 아무리 많이 쌓아놓은 세계라 하더라고 역시 해답은 될 수 없다. 물질은 우주나 자연 현상의 극미한 부분에 불과하다는 것을 잊을 수 없기 때문이다. 우리가 실제로 보는 현상의 광대한 부분은 물질이 아니다. 예를 들면, 우리 삶의 매 순간의 거의 대부분은 생각과 감정이다. 외부의 물질적 현상과 비교할 때 그렇다! 그 엄청난 활동량을 지닌 내면세계의 광대함이라니! 하늘에 가는 것만으로 해결하려는 시도는 잘못이다! 그것은 모든 현상을 촉각, 미각, 시각 등에만 제한시키고 있다. 따라서 이 하늘의 개념은 만족스럽지 못하다. 어쨌든 나치케타는, 두 번째 소원을, 사람이 하늘로 갈 수 있을 희생제에 대해 충분히 알고 싶다는 것으로 선택하고 있다. 이런 희생제를 통해 신들을 기쁘게 하여 사람들을 하늘로 보낼 수 있다는 생각이 베다에 있었다.

종교를 연구해보면, 오래된 것은 무엇이든 성스럽다는 사실이 모든 종교에서 받아들여지고 있는 것을 알 수 있다. 예를 들어 우리 조상들은 버드나무 껍질에 글을 쓰곤 했다. 그 후 종이를 만들었지만 여전히 버드나무 껍질은 아주 성스런 것으로 받아들여진다. 아주 옛날에 쓰이던, 음식 만들던 그릇들 역시 성스런 것으로 여겨진다. 인도만큼 이런 전통숭배 사상이 강하게 간직된 곳은 없을 것이다. 9천 년, 혹은 만 년 전에 불을 피우기 위해 쓰이던, 막대기 두 개를 마찰시키던 방법이 여전히 쓰이고 있다. 희생제 때는 다른 방법을 쓰지 못한다. 아시아계의 다른 아리아인들도 마찬가지다. 그들의 현대의 후손들은 여전히 불을 번개로부터 얻는 것을 선호한다. 그런 방식에 익숙하다는 것을 보여준다. 다른 방식을 알고 난 뒤에도 여전히 옛 방식을 고수한다. 그 옛 방식은 성스런 것이 된다. 히브리 사람들도 마찬가지다. 그들은 양피지에 글을 쓴다. 지금 그들도 종이를 쓰긴 하지만 양피지는 아주 성스런 것으로 여겨진다. 모든 민족들이 다 그렇다. 성스럽게 여겨지는 모든 의식은 일단 오래된 습속이다. 베다의 희생제 역시 그렇다. 세월이 흐름에 따라, 삶의 보다 나은 방식을 알게 되고, 그들의 생각 또한 많이 발전한다. 하지만 이 옛 방식들은 여전히 남아 있다. 그리고 때에 따라 이것들은 수행되고 성스럽게 받아들여진다.

그리하여 일단의 사람들이, 이런 희생제를 수행하는 것을 자신들의 업으로 삼는다. 사제들이 그들이다. 희생제에 대해 골똘히 생각한다. 희생제는 그들의 모든 것이 된다. 희생제의 향기를 즐기기 위해 신들이 온다. 희생제의 효험에 의해 세상의 모든 것을 얻을 수 있다고 여겨졌다. 특정의 봉헌물과 찬양가와 제단에 따라 신들의 허락이 내린다. 그래서 나치케타가 묻는 것이다. 어떤 희생제를 올려야 사람이 하늘로 갈 수 있느냐고. 야마는 이 두 번째 소원도 흔쾌히 들어주어 희생제의 방법을 가르쳐준다. 그리고 더하여 말한다. 앞으로 그 희생제는 나치케타 희생제라 불릴 것이라고.

그런 다음, 세 번째 소원이 나온다. 이제 이 우파니샤드의 본문이 펼쳐진다. 소년이 말한다. "이런 풀기 어려운 의문이 있어요. 사람이 죽으면, 어떤 이는 그냥 아무것도 없이 말짱 다 끝난 것이라 하고, 또 어떤 이는 무언가가 계속된다고 말해요. 어떻게 이해해야 할지 당신 말을 듣고 싶어요." 이 대목에서 야마가 크게 놀란다. 앞서 두 소원을 흔쾌히 들어줄 때와는 달랐다. 이리 말한다. "옛적의 신들도 이 문제에 대해서는 답하기 힘들어했다. 이 미묘한 법칙은 이해시키기가 쉽지 않다. 오, 나치케타여! 다른 소원을 말해다오. 이 소원은 나로서도 골치가 아프구나, 나를 놓아다오."

하지만 소년은 단호했다. 그리고 말했다. "그 말씀이 맞아요. 오! 죽음의 신이여. 신들도 이 문제에 대해선 명확한 태도를 보이지 않지요. 쉽게 이해할 수 없는 문제지요. 하지만 이 문제에 대해 답해줄, 당신보다 나은 이를 찾을 수 없어요, 그리고 이것보다 더 중요한 소원도 제겐 없어요."

야마가 말한다. "백 년을 살 수 있을 아들과 손자를 갖게 해달라고 청하렴. 소와 코끼리, 금과 말을 청하렴. 지상의 제국을 청하렴. 살고 싶은 만큼의 장수를 청하렴. 부든 장수든 무엇이든 청하렴. 오, 나치케타! 원한다면 넓은 지상의 왕이 되렴. 그 모든 욕망의 성취자가 되게도 해줄 수 있지. 지상에서 얻기 힘든 그 모든 욕망을 소원하렴. 사람이 얻기 힘든 하늘의 처녀를 줄 수도 있지, 마차와 음악과 함께 줄 수도 있지. 그들이 네게 시중 들게 할 수도 있지. 오, 나치케타! 제발 죽은 후에 어떻게 되는지에 대해서만은 묻지 말아다오."

나치케타가 말한다. "그것들은 살아있을 때의 일일 뿐이지요. 오! 죽음이여, 감각기관의 힘을 빼 갈 뿐이지요. 아무리 오래 산다 해도 눈 깜빡할 사이지요. 이 말들, 수레들, 춤과 노래들, 모두 다 가지세요. 인간은 부로써 만족할 수 없어요. 당신을 만나게 될 때, 부가 우리에게 남아 있나요? 당신 마음만큼만 우리는 살 수 있는 걸요. 제가 바라는 소원은 이것 외엔 더 없어요."

나치케타의 이 말에 야마는 속으로 기뻤다. 그리고 말했다. "완성과 즐김은 다르다. 서로 끝이 다르다. 사람을 다르게 이끈다. 완성을 택한 사람은 순결하게 된다. 향락을 택한 사람은 진짜 목적지를 놓친다. 완성과 즐김, 둘이 스스로를 사람에게 드러낸다. 현명한 사람은 둘을 구분해낸다. 현명한 사람은 즐김보다 완성을 택한다. 어리석은 사람은 육신의 쾌락을 위해 즐김을 선택한다. 오, 나치케타여! 겉으로 드러나는 욕망의 것들을 숙고한 너는 현명하게도 그것들을 버렸구나." 죽음은 그제야 나치케타를 가르치기 시작한다.

이제 우리는 욕망 포기의 아주 진전된 개념과 베다의 도덕관을 만나게 된다. 즐김의 욕망을 정복하기까지는 진리는 빛나지 않는다. 감각의 헛된 욕망들이 아우성치고, 매순간 우리를 바깥으로 끌어내며, 그 작은 색, 맛, 촉감의 모든 바깥 것들의 노

예로 만드는 한에는, 아무리 아닌 것처럼 가장한다 해도, 진리가 우리 심장에 어떻게 스스로를 드러낼 수 있을 것인가?

야마가 말한다. "저 너머의 것, 높은 차원의 것은 어리석은 부에 속은 유치한 아이들의 마음에는 결코 떠오르지 않는다. '이 세상 외에 다른 세상이 어디 있냐?'고 생각하는 이들은 거듭거듭 나를 만나게 된다. 이 진리를 깨닫기는 아주 어렵다. 비록 여러 번 계속 듣는다 해도 이것을 이해하는 사람은 많지 않다. 그러므로 말하는 이도 훌륭해야 하고 듣는 이 역시 그래야 한다. 가르치는 이도 우수해야 하고 배우는 이도 우수해야 한다. 둘 모두의 마음은 헛된 주장에 어지럽혀지지 않는다. 주장에 대한 물음이 아니라 사실에 대한 물음이기 때문이다." 우리는 늘 듣는다. 모든 종교는 믿음을 가질 것을 강요한다는 말을. 맹목적으로 믿어야 한다고 배운다. 그렇다. 이 맹목적 믿음이라는 생각은 불쾌하다. 의심할 여지를 허락하지 않는다. 하지만 이것을 분석해보면, 그 말 뒤에 아주 큰 진실이 숨어 있음을 알게 된다. 그것이 진짜로 의미하는 바는, 바로 우리가 지금 읽고 있는 것이다. 마음은 공허한 주장에 의해 어지럽혀지지 않는다. 왜냐하면 일방적 주장은 신을 알게 하는 데 도움이 되지 않기 때문이다. 사실을 알기 위한 물음이지 주장을 알기 위한 물음이 아니기 때문이다. 주장이나 추론은 어떤 인식들에 바탕을 두어야만 한다. 그것들이 없으면 어떤 주장도 있을 수 없다.

추론은 우리가 이미 인식하고 있는 어떤 사실들을 비교하는 수단이다. 인식된 사실들이 우선하지 않고는 추론은 불가능하다. 외부의 현상들에 대해 이것이 적용된다면, 내면의 것에 대해서는 왜 적용되지 않을까? 화학자는 어떤 화학물질을 취하여 어떤 결과를 만든다. 사실에 맞고, 눈으로 보고 또 감각할 수 있다. 그리고 그것으로 화학적 주장을 성립시키는 기초를 만든다. 물리학자도 마찬가지다. 다른 모든 과학이 마찬가지다. 모든 지식은 어떤 사실들의 인식 위에 서 있어야 한다. 그리고 그 위에 우리의 추론을 만들어야만 한다. 하지만 너무도 이상하게도, 대다수의 인류, 특히 오늘날의 인류는, 종교에서는 그런 인식이 불가능하다고 생각하고 있다. 종교는 공허하고 일방적인 주장에 의해서만 이해될 수 있다고 생각하고 있다. 그러므로 여기서 우리는 듣고 있다. 주장에 의해 마음을 어지럽히지 말라고. 종교는 사실의 물음이지 말의 물음이 아니다. 우리는 우리 자신의 영혼을 분석해야 하고 거기 무엇이 있는지를 찾아야 한다. 이해해야 하고 이해된 것을 체현해야 한다. 그것이 종교다. 아무리 말을 많이 해도 종교가 되지 못한다. 그러니 신이 있는가 없는가 하는 물음은 주장으로는 결코 증명할 수 없다. 주장은 언제나 반대편이 있기 때문이다. 하지만 신이 있다면 그 신은 우리 가슴 안에 있다. 당신은 신을 본 적이 있는가? 이 세상이 존재하는가 아닌가에 대한 물음은 아직 답이 없다. 이상론자와 실재론자 사이의 논쟁은 끝이 없다. 하지만 우리는 세상이 존재하는 것을 안다. 그리고 세상이 계속되고 있음을 안다. 말의 뜻만 바꿀 뿐이다. 마찬가지로 삶의 모든 문제에서도 우리는 사실에 마주서야 한다. 외적 과학에서와 마찬가지로, 어떤 종교적 사실들도 인식되어야만 하고, 그리고 그 위에서 종교가 설 수 있을 것이다. 어떤 종교의 모든 교의를 믿어야만 한다는 극단적인 주장은 인간적 마음에로 종교의 가치를 떨어뜨릴 것이다. 모든 것을 믿으라고 당신에게 요구하는 사람은 그 사람 스스로를 격하시키고 있는 것이고, 당신이 그렇게 믿는다면 당신도 격하되는 것이다. 자신들의 마음을 분석하고 사실들을 발견했다고 우리에게 말할 자격이 있는 사람들은 현자들뿐이다. 우리 역시 그들처럼 그렇게 했다면 사실로서 믿게 될 것이다. 그 과정을 거치지 않았다면 안 되는 일이다. 종교에 있는 것이 전부 그런 것이다. 하지만 반드시 기억해야 할 것이 있다. 바른 종교를 공격하는 사람들의 99.9퍼센트는 그들의 마음을 결코 한번도 분석해보지 않은 사람들이다. 이른바 사실들을 얻기 위해 결코 애써보지 않았던 사람들이라는 말이다. 따라서 그들의 주장은 종교에 반하는 어떠한 무게도 없다. 장님이 외치는 "해가 있다고 믿는 당신들은 모두가 바보들이다"라는 말이 우리에게 끼치는 영향처럼 아무런 무게가 없다.

우리가 배워야 하고 오래토록 간직해야 할 것은 이 체현(體現, realization)의 사상이다. 여러 종교들 안의 혼란과 싸움과 차별은, 종교가 책이나 사원에 있지 않다는 것을 이해할 때에만 끝날 것이다. 그것은 실제적인 인식이다. 실제적으로, 진짜로, 신과 영혼을 인식하는 사람만이 종교를 가진다. 많은 말을 쏟아낼 수 있는 최고 성직자나 아주 무식하고 낮은 유물론자나 진정한 차이는 없다. 우리 모두는 무신론자다. 고백하자. 단순히 지적으로 동의한다고 해서 종교인이 되는 것은 아니다. 기독교인이건, 회교도건, 다른 종교의 교인이든 한번 보자. 복음서의 산상수훈의 진리를 진짜로 체현하는 사람은 완성에 이른 사람일 것이다. 곧바로 신이 될 것이다. 세계에는 수많은 기독교인이 있다고 한다. 가끔은 그 산상수훈을 체현하려 시도하는 사람들이 있을 것이라는 의미다. 하지만 2천만 중의 한 사람도 진짜 기독교인은 없다. 인도도 그렇다. 3억 명의 베단타 교인이 있다고 한다. (이 모든 숫자들은 130년 전을 기준하고 있다. 1890년대 런던에서 행한 강연이다. -역자) 하지만 진짜로 종교를 체현한 사람이 천 명 가운데 한 사람이라도 있다면 우리 사회는 아주 크게 변화될 것이다. 우리 모두는 무신론자들이다. 그러면서도 이 사실을 인정하는 사람과 싸우려고 한다. 우리 모두는 어둠 속에 있다. 종교는 우리에게 단지 지적인 동의일 뿐이다. 단지 말뿐이다. 다른 아무것도 아니다. 종종 우리는 말 잘하는 사람을 종교인이라고 생각한다. 하지만 그렇지 않다. "말 연결을 빼어나게 잘하는 것, 수사적 능력, 온갖 방법으로 책 설명하기-이 모든 것들은 학식을 즐기는 것이지 종교가 아니다." 우리 자신의 영혼에서 진짜 체현이 시작될 때 종교가 된다. 종교의 새벽이다. 그때에만 우리는 도덕적이 된다. 지금의 우리는 동물보다 그리 도덕적이지 않다. 사회의 채찍에 의해 단지 억제되고 있다. "도둑질을 해도 처벌하지 않는다"고 오늘 사회가 말하면, 서로의 재산을 뺏기 위해 지금 당장 내달릴 것이다. 경찰에 의해 도덕이 유지되고 있다. 여론이 우리를 도덕적으로 만든다. 진실로 동물보다 나은 것이 없다. 우리 가슴속에 감추고 있는 비밀이 이와 같음을 우리는 안다. 그러니 이제 위선자가 되지 말자. 우리들이 종교인이 아님을 고백하고 다른 이들을 내려다볼 권리가 없음을 고백하자. 우리 모두는 형제다. 종교를 체현할 때 비로소 우리는 진짜로 도덕적이 될 것이다.

당신이 어떤 나라를 보았다고 하자. 어떤 사람이 있어, 당신에게 그 나라를 보지 않았다고 말하기를 강요한다고 하자. 그렇다 해도 당신 가슴속 깊은 곳에서는 그 나라를 보았다는 것을 알고 있다. 이처럼 바깥세상에서 본 것보다 더욱 강한 의미에서 종교나 신을 본다면, 당신의 신념을 흔들 수 있는 것은 없을 것이다. 그런 때, 진짜 신앙을 가지는 것이다. 당신의 복음서에 나온 말, "겨자씨 한 알만큼의 믿음이 있다면"이 의미하는 바가 이것이다. 사람은 스스로가 진리가 되었을 때, 진리를 알게 되는 것이다.

　종교를 체현하라. 이것이 베단타의 표어이다. 말로 하기는 쉽다. 하지만 실제로 그렇게 되는 것은 아주 어렵다. 그^{He}는 그 자신^{Himself}을 원자 속에 숨기고 있다. 이 오래된 한 존재는 모든 인간의 가슴속 가장 안쪽 후미진 곳에서 산다. 현자들은 내적 관찰의 힘을 통해 그를 인식한다. 기쁨과 비참 너머, 우리가 덕이나 악이라 부르는 것 너머, 선행이나 악행 너머, 존재와 비존재 너머에서 그를 만난다. 그를 본 사람은 실체를 본 것이다. 하지만 그렇다면 우리가 말해오던 낙원은 어떻게 되는가? 낙원은 행복에서 불행을 뺀 개념일 뿐이다. 다시 말해 우리가 원하는 것은 슬픔을 뺀 이생의 기쁨일 뿐인 것이다. 아주 좋은 것임에 틀림없다. 자연스럽다. 하지만 그것을 목표로 삼는다는 것은 크게 잘못된 생각이다. 절대적 악이 없을뿐더러 절대적 선도 없기 때문이다.

　로마의 부자 얘기를 모두 들었을 것이다. 어느 날, 자신의 재산이 백만 파운드밖에 남지 않았다는 것을 알고 말했다. "내일 어떻게 살지?" 그러면서 즉시 자살하고 말았다. 백만 파운드는 그에게 가난을 의미했던 것이다. 기쁨은 무엇이고 슬픔은 무엇인가? 사라지는 것이고 끊임없이 줄어드는 것이다. 어릴 때 나는 마부가 되어 이리저리 다닐 수 있으면 절정의 행복을 누릴 것이라 생각했다. 지금 나는 그리 생각지 않는다. 어떤 기쁨에 목을 맬 것인가? 우리 모두가 반드시 이해하려고 해야 하는 요점이요, 마지막으로 남는 미신 중의 하나다. 쾌락에 대한 생각은 사람마다 다르다. 매일 아편 한 덩이를 삼키지 않으면 행복하지 못한 사람을 보기도 했다. 그 사람은 아편으로 된 하늘을 꿈꿀 것이다. 내게는 아주 나쁜 하늘이다. 아라비아의 시는 거듭 거듭 아름다운 정원과 그 사이로 강이 흐르는 낙원을 보여준다. 나는 물이 많은 지역에서 오랫동안 살았다. 많은 마을들이 홍수에 잠겼고 해마다 수천의 생명들이 희생당했다. 그러므로 나의 낙원에는 강이 흐르는 정원은 없을 것이고 비가 아주 적게 내리는 땅이 내 낙원이 될 것이다. 우리의 즐거움은 늘 바뀌게 마련이다. 어떤 젊은 남자가 낙원에 대한 꿈을 꾼다면, 예쁜 아내가 있는 낙원의 꿈이 될 것이다. 그 사람이 늙어진다면 그 낙원에서 아내를 원하지는 않을 것이다. 우리의 낙원을 만드는 것은 우리의 필요에 의해서다. 낙원은 우리의 필요성이 변함에 따라 변한다. 감각에의 향락이 존재의 마지막 목표인 사람들이 원하는 바의 낙원을 우리가 가진다면, 우리는 향상할 수 없다. 영혼에 대해 내릴 수 있는 최악의 저주가 될 것이다. 이것이 우리가 할 수 있는 전부인가? 약간 울고 약간 춤추고 그런 후 개처럼 죽는다! 이런 것을 열망하는 당신이 인류의 머리에 내리는 저주의 선고라니! 이 세상의 기쁨을 찾아 헤맬 때의 당신이 하는 짓이 이렇다. 진정한 기쁨이 무엇인지 모르기 때문이다. 진정한 철학이 주장하는 것은 기쁨을 포기하는 것이 아니다. 진짜 기쁨이 무엇인지 아는 것이다. 노르웨이인들의 낙원은 모두가 오딘^{Odin}(북유럽 신화에 나오는 중심 신-역자) 앞에 앉을 수 있는 거대한 싸움터다. 야생 곰을 사냥하고, 전쟁을 벌여 서로를 난도질한다. 하지만 그런 싸움을 이럭저럭 몇 시간 벌인 뒤면, 모든 상처가 아물게 된다. 커다란 홀로 들어가 곰을 구워 거나한 술잔치를 벌인다. 그런 뒤, 곰은 다시 원래의 모양을 회복하고, 다음 날 사냥될 준비를 한다. 우리의 낙원과 꼭 같다. 조금도 덜하지 않다. 우리의 개념이 조금 더 세련되었을 뿐이다. 야생 곰을 잡고 싶고 모든 향락이 계속될 장소를 갖고 싶다. 마치 노르웨이인들이 매일 매일 곰을 잡고, 먹고, 그 다음 날은 곰이 다시 살아나는 것을 상상하듯이.

이제 베단타의 철학은 말한다. 절대의 기쁨이 있다고. 결코 변하지 않는 기쁨이 있다고. 그 기쁨은 이생에서 우리가 지니는 기쁨이나 즐거움은 될 수 없다. 하지만 베단타는 이생에서의 즐거운 모든 것이 실은 그 진짜 즐거움의 작은 한 부분이라고 말한다. 왜냐하면 그것이야말로 존재하는 유일한 즐거움이므로. 모든 순간 우리는 진실로 절대의 축복을 즐기고 있다. 가려져 있고 오해되고 있고 희화화되고 있지만. 축복이 있는 곳은 어디나, 행복과 기쁨이 있는 곳은 어디나, 도둑질할 때의 도둑의 기쁨까지도, 절대의 기쁨에서 비롯된 것이다. 다만 말 그대로 모든 종류의 외부 조건에 의해 흐려지고 섞이고 오해된 것일 뿐이다. 하지만 이것을 이해하기 위해서는 부정의 논리학을 거쳐야만 한다. 그런 후에야 긍정적 측면이 시작될 것이다. 무지와 허위의 것들을 포기해야만 한다. 그럴 때에만 진실이 스스로를 우리에게 드러낸다. 진실을 파악하게 되면 처음에 우리가 포기했던 것들이 새로운 모습을 취하고 새 빛 안에서 드러나며 신으로 변하게 된다. 그들이 고상하게 순화되면 그들의 진실된 빛 안에서 이해하게 된다. 하지만 그들을 이해하기 위해서는, 우리가 우선 진실을 보지 않으면 안 된다. 처음에 그들을 포기하고 다시 그들을 받아들이는 것이다. 신으로서. 모든 비참과 슬픔, 모든 우리의 작은 기쁨들을 포기하지 않으면 안된다.

"베다 전체가 말하고 있는 것, 모든 속죄의 시간에 절제와 극기로 이끄는 한 마디 말, 그것을 들려주려 한다. 그것은 '옴^{Om}'이다." 베다 전체에서 아주 높이 받들리고 있는 이 말은 아주 성스런 말이다.

이제 야마는 질문에 대답한다. "사람은 몸이 죽으면 어떻게 되는가?" "이 결코 죽지 않는 현명한 이는 결코 태어난 적이 없었다. 어떤 것으로부터도 나오지 않았고, 또한 그로부터 어떤 것도 일어나지 않았다. 태어나지 않았고, 영원하고 끝없이 지속되는 이 옛적의 하나는, 몸이 파괴되었다고 결코 파괴되지 않는다. 죽이는 자가 있어 그가 죽일 수 있다고 한다면, 혹은 죽임을 당하는 자가 자신이 죽는다고 생각한다면, 둘 모두 진실을 모르고 있다. 자기는 죽일 수도 죽지도 않기 때문이다."
가장 빼어난 지위이다. 앞에서 말한 문장에서의 '현명한'이라는 형용사에 주목하면 좋겠다. 앞으로 진행하면서 보게 되겠지만 베단타가 가리키는 것은, 모든 현명함과 모든 순수함이 영혼에 이미 있다는 사실이다. 단지, 흐릿하게 혹은 보다 또렷하게 드러나는가의 차이만 있을 뿐이다. 인간과 인간 사이, 또한 창조의 모든 것들 사이의 차이는 종류가 아니다. 정도^{degree}일 뿐이다. 모든 이들의 바탕과 실체는 영원하고 항상 있는 축복이며 늘 순결하고 늘 완성된 동일한 하나다. 성인과 죄인, 행복한 이와 비참한 이, 미인과 추녀, 사람과 동물에 모두 있는 아트만, 영혼이다. 모두를 통틀어 같다. 빛나는 하나다. 차이는 표현력에 기인한다. 어떤 이에게는 표현력이 낮고 어떤 이에게는 못하다. 하지만 표현력의 차이는 아트만에는 영향을 미치지 못한다. 몸을 더 잘 보여주는 옷을 입었다고 해서 몸이 달라지는 것은 아니다. 차이는 옷에 있을 뿐이다. 베단타 철학 전체를 통해 우리가 기억해야 할 것은, 좋은 것도 나쁜 것도 있지 않다는 것이다. 서로 다른 두 개가 아니다. 같은 것이 좋기도 하고 나쁘기도 하다. 그리고 그 차이는 단지 정도에 있다. 오늘 내가 즐길 만하다고 하는 것이, 상황이 좀 나아진 내일에는 고통이 될 수도 있다. 우리를 따뜻하게 해준 불이 나를 태울 수도 있다. 그렇다고 그것이 불의 잘못은 아니다. 순결하고 완전한 영혼으로서의 한 사람이 나쁜 일을 한다면 그 사람 자신에게 거짓말을 하는 것이 된다. 자신의 본성을 모르고 있다. 살인자에게도 깨끗한 영혼이 있다. 죽지 않는 영혼이다. 그의 실수다. 그 영혼은 드러나지 못하고 가려져왔다. 자신이 죽임을 당했다고 생각하는 사람에게도 그 영혼은 죽지 않는다. 영원하다. 결코 죽임을 당하지 않고 결코 파괴되지 않는다. "작은 것보다 한없이 작고 큰 것보다 한없이 큰, 우리 모두의 주인은 우리 모든 이의 심장 속 깊은 곳에 있다. 비참을 모두 여읜 죄 없는 이는 하느님의 자비를 통해 그를 본다. 몸이 없으면서도 몸에서 살며, 자리를 차지하지 않으면서도 공간을 점하고 있는 것처럼 보이며, 무한하고 모든 곳에 있다. 영혼을 그렇게 알면서, 현자들은 결코 절망에 빠지지 않는다.

"이 아트만은 언설의 힘에 의해, 방대한 지성에 의해, 베다의 학습에 의해 체현되지 않는다." 아주 도전적인 발언이다. 앞서도 말했지만 현자들은 아주 담대한 사람들이었고 무슨 일이든 주저하지 않았다. 알다시피, 인도에서는 베다가 아주 귀하게 여겨져왔다. 기독교인이 성경을 그리 여긴 것보다 오히려 더 중요하게 여긴다. 성경에서는 신에 의해 영감이 불어넣어져서 계시를 받는다고 한다. 하지만 인도에서는 베다 안에 그저 있기 때문에 존재한다고 한다. 베다 안에서 베다를 통해서 모든 것들이 생겨났다. 지식이라 불리는 모든 것이 베다 안에 있다. 그 안의 모든 단어는 영혼만큼 성스럽고 영원하다. 시작도 없고 끝도 없다. 창조자의 마음 모두가 이 책에 있다. 말 그대로다. 그것이 베다가 견지하고 있는 빛이다. 이것은 왜 도덕적인가? 베다가 그리 말하기 때문이다. 저것은 왜 비도덕적인가? 베다가 그리 말하기 때문이다. 이럼에도 불구하고, 베다를 아무리 많이 공부해도 진리는 못 발견할 거라는 이 현자들의 말은 얼마나 건방진가? "마음이 합하는 그에게 신은 자신을 보여준다." 무슨 당파심인가라고 이의가 제기될 만도 하다. 하지만 야마의 설명처럼, "악을 행하는 자들, 마음이 평화롭지 않은 자들은 결코 빛을 보지 못한다. 심장에서 진실한 자들, 감각이 통제되는 자들, 그들에게 이 자기$^{this\ Self}$는 자신을 드러낸다."

여기 아름다운 비유가 하나 있다. 자기를 승객이라 보고, 몸을 마차라고 보자. 지성은 마부이고 마음은 고삐다. 그리고 감각기관들은 말이다. 말이 잘 길들여지고 튼튼한 고삐가 마부[지성]의 손에 잘 움켜쥐어져 있으면 그 목표인 모든 곳에, 편만한 그라는 상태에, 닿을 것이다. 하지만 말들[감각]이 조련되었지 못하고 고삐[마음]도 부실하면 파멸로 가게 될 것이다. 모든 존재 안의 이 아트만은 감각이나 눈에 자신을 드러내지 않는다. 마음이 깨끗하고 정화된 이들은 그를 체현한다. 모든 소리, 모든 광경, 모든 모양, 모든 맛, 모든 촉감 너머의, 절대의, 무한의, 시작과 끝이 없는, 우주조차도 벗어난, 변하지 않는 그.

그를 체현한 사람은 사지^{死地}로부터 벗어난다. 하지만 이렇게
되는 것은 아주 어렵다. 이를테면, 면도날 위를 걷는 것과 같다.
그 길은 멀고 험하다. 하지만 매진하라. 꺾이지 마라. 깨어나라,
일어나라, 목표에 이를 때까지 멈추지 마라.

우파니샤드 전체를 통해 중심되는 사상은 체현의 사상이다.
많은 의문들이 때로 때때로 일어난다. 현대인에게는 더욱 그렇
다. 유용성과 연관된 것과 더불어, 다른 많은 의문들이 있지만
그 질문들 모두는 우리의 과거와 연관되어서 촉발된다. 어릴
때부터 인격신이나 개인의 인격에 대한 얘기를 늘 듣고 자란
사람은 위의 생각들이 아주 거칠고 강경하게 들릴 수 있을 것
이다. 하지만 주의 깊게 듣고 곰곰이 생각해보면, 자기 생활에
녹아들어 무섭지 않게 될 것이다. 일반적으로 일어나는 큰 질
문은 철학의 효용성에 관한 것이다. 이 질문에는 하나의 대답
만이 가능하다. 만일 실용철학의 입장에서 인간이 쾌락을 찾는
것이 좋은 것이라면, 왜 종교인은 그것을 찾으면 안 되는가? 대
부분의 사람들이 감각적 쾌락을 좋아하여 그것을 찾지만, 그것
을 좋아하지 않는 사람도 있기 때문이다. 그들은 보다 높은 쾌
락을 원한다. 개의 쾌락은 먹고 마시는 것에만 있다. 개는 모든
것을 포기하고 높은 산에 올라 별의 위치를 관찰하는 과학자의
쾌락을 이해하지 못한다. 개는 그를 비웃으며 미친놈이라고 생
각한다. 아마도 이 가난한 과학자는 돈이 없어 결혼조차도 못

하고 아주 검소한 삶을 살 것이다. 개는 그를 우습게 볼 것이
다. 하지만 과학자는 말한다. "사랑하는 개야, 네 쾌락은 네가
즐기는 감각뿐이지. 그 너머의 것은 너는 모르지. 하지만 내겐
이게 가장 즐거운 삶이야. 네게 네 쾌락을 찾을 권리가 있다면
내게도 내 권리가 있지." 전 우주를 우리 자신의 차원으로만 내
려서 묶고, 나 자신의 마음을 전 우주를 재는 잣대로 삼으려 하
는 데 잘못이 있다. 네게는 그 오래된 감각적인 것들이 최고의
쾌락이겠지만 나의 쾌락이 너의 것과 같을 필요는 없지. 만일
네가 계속 그리 고집한다면, 내 의견은 너와 다르다고 말해야
지. 세상의 실용적 인간과 종교적 인간의 차이다. 실용적 인간
이 말한다. "내가 얼마나 행복한지 보시오. 돈이 있어요. 골치
아프게 종교로 머리 썩이지 않아요. 종교는 너무 어려워요. 그
것 없어도 행복해요." 그래 좋다. 실용주의자들, 다 좋다. 하지
만 이 세상이 참혹한 것은 사실이다. 그 동료 인간들에게 해를
끼치지 않고 어떤 식으로든 행복하다면, 그에게 행운이 있으
라. 하지만 이 사람이 내게 와서 이렇게 말한다면? "너도 나처
럼 해야 해. 안 하면 바보야." 내가 말한다. "아니지, 틀렸지. 너
를 기쁘게 하는 바로 그것들에 나는 조금도 끌리지가 않거든.
몇 주먹의 금덩이를 위해 생을 보내야만 한다면, 내 인생은 살
가치가 없을 걸! 죽는 게 낫지." 종교인들이 할 대답이 그럴 것
이다. 사실은 이렇다. 저 모든 낮은 일들을 다 마쳐본 사람에게
만 종교가 가능하다. 우리는 스스로만의 일, 겪어야 할 경험을,

끝내야 한다. 스스로의 전력질주를 마쳐야 한다. 그 일들이 다 끝난 후, 비로소 새로운 세계가 열리는 것이다.

감각의 즐김은 때로 위험하고 유혹적인 어떤 다른 차원을 상정시킨다. 아주 오랜 옛날의 모든 종교에서의 생각인데, 삶의 모든 비참이 끝나고 기쁨과 즐거움만이 남아 이 지상이 낙원이 되는 그런 때가 온다는 말이 있다. 많이 들어왔다. 하지만 나는 믿지 않는다. 이 지상은 언제까지나 이것대로 있을 것이다. 최고로 잔인한 말일 수 있겠지만 나는 철회할 생각이 없다. 지상의 참혹함은 몸에 생긴 만성 류머티즘과 같다. 한 곳에서 몰아내면 다른 곳으로 간다.(세계사의 모든 혁명은 비참의 위치 변경이라는 말이 있다.-역자) 그곳에서 몰아내면 또 다른 곳으로 간다. 무슨 짓을 하든, 거기 여직 있다. 옛날에 사람들은 숲에 살았다. 서로 잡아먹었다. 요즘에는 살을 먹지는 않는다. 대신에 서로 속여먹는다. 나라마다 도시마다 사기가 넘쳐난다. 향상은 거의 없어 보인다. 내가 보기에, 당신이 말하는 세상의 진보는 욕망의 증식과 다르지 않다. 하나 분명한 것이 있다면, 욕망이 비참을, 고통을 가져온다는 것이다. 걸인의 상태다. 늘 무언가를 동냥질하는. 소유하려는 소원 없이는 그 어떤 것도 보려하지 않는. 늘 바라고, 더 많이 바란다. 우리 욕망을 만족시키는 힘이 산술급수적으로 증가한다면, 욕망의 힘은 기하급수적으로 증가한다. 이 지상의 행복과 불행의 총합은 통틀어서 동일하다.

파도의 높은 부분이 있으면 또 어딘가의 바다는 깊게 꺼진다. 어떤 이에게 행복이 오면 또 다른 이에겐, 혹은 또 다른 동물에겐 불행이 온다. 인간은 수가 늘어나는데 어떤 동물들은 줄어든다. 그것들을 죽이고 그것들의 땅을 차지한다. 그것들의 생명 유지 수단을 뺏어버린다. 이럴진대 행복이 늘어난다고 말할 수 있는가? 강한 족속이 약한 족속을 먹어치운다. 강한 족속은 계속 행복할 수 있을까? 아닐 걸. 서로 잡아먹기 시작할 것이다. 실제적인 면에서 어떻게 이 지상이 낙원이 될 수 있는지 알지 못하겠다. 사실이 그것에 반한다. 이론적인 면에서도 가능하지 않을 것으로 보인다.

완전은 언제나 무한이다. 우리는 이미 이 무한이다. 그러면서 우리는 이 무한을 증거하기 위해 노력한다. 당신과 나, 그리고 모든 존재들은 그것을 증명하려 한다. 여기까진 좋다. 하지만 이 사실로부터 독일철학자(여기서의 철학자는 헤겔을 가리킨다.-역자)들이 이상한 이론을 출발시켰다. 완전한 증명이 되고 우리가 완전한 존재가 될 때까지 이 증명이 점차 고도화된다는 것이다. 온전한 증명이란 게 무엇인가? 완전은 무한을 의미하고 증명은 유한을 의미한다. 우리가 제한 없는 제한의 존재가 된다는 말이다. 자체 모순이다. 아이들은 좋아할 이론이다. 하지만, 아이들의 마음을 거짓말로 중독시키고 종교에는 아주 나쁜 영향을 끼칠 이론이다. 우리는 이 세상이 하나의 퇴행인 것을 안다. 인간은 신의 퇴행이다. 아담은 타락했다. 오늘날, 인간이 퇴행인 것을 가르치지 않는 종교는 없다. 우리는 짐승으로 타락했고, 지금은 그 질곡을 벗어나기 위해 위를 향해 올라가고 있다. 하지만 우리가 여기에서 우리의 무한을 완전히 증명할 수는 없을 것이다. 아주 애를 쓸 것이다. 하지만 우리가 여기에서 감각에 매여 있는 동안에는, 완전하게 되는 것은 불가능하다는 것을 알게 될 때가 올 것이다. 그리고 그때에, 우리의 원래 상태인 무한으로 되돌아가려는 행진이 시작됨을 보게 될 것이다.

이것이 욕망 포기이다. 우리가 발을 들여놓았던 진행 방향을 역전시킴으로써 어려움을 벗어나지 않으면 안 된다. 그럴 때, 도덕성과 이웃 사랑이 시작될 것이다. 모든 윤리적 규준의 표어는 무엇인가? '내가 아니라 당신'이다. 그리고 이 '나'는 바깥 세상에 스스로를 증명하려는 저 너머의 무한의 소산이다. 이 작은 '나'는 하나의 결과물이다. 그리고 이것은 원래의 것으로 돌아가 그것의 본질인 무한과 합쳐져야 한다. '내가 아니라 당신'이라고 말할 때마다, 원래로 돌아가려고 하는 것이다. '당신이 아니라 나'라고 말할 때마다, 감각 세상을 통해 무한을 드러내려 하는 잘못된 걸음을 내딛고 있는 것이다. 그리하여 투쟁과 악이 세상에 들어온다. 하지만 세월이 지나면 욕망 포기가 반드시 온다. 영원한 욕망 포기가 온다. 작은 '나'가 죽어서 없어진다. 어째서 이 작은 삶에 그리 연연하는가? 삶에 대한, 이생에의 즐김에 대한, 여기서의 혹 다른 곳에서의 이 모든 헛된 욕망의 끝은 죽음이다.

우리가 동물로부터 발전했다면, 동물 역시 타락한 인간일 수 있다. 그렇지 않다고 어떻게 말할 수 있겠는가? 진화는 단순히 다음과 같다. 가장 낮은 것으로부터 가장 높은 것으로의 몸으로 점진적으로 올라가는 일련의 진전이다. 하지만 늘 낮은 것에서 높은 쪽으로만 간다고, 높은 것에서 낮은 쪽으로는 절대 가지 않는다고, 어떻게 말할 수 있는가? 진화의 주장은 양쪽 방향 모두에게 적용된다. 어떤 쪽이든 사실이라면, 그 일련의 진전은 올라가거나 내려감의 반복이라고 생각한다. 퇴축이 없이 어찌 진화가 있겠는가? 높은 삶에 대한 우리의 갈망은 그 높은 상태로부터의 타락을 보여준다. 반드시 그럴 것이다. 세부 사항에서만 다양할 것이다. 나는 예수나 부처, 혹은 베단타의 한마디 말에 늘 주목해왔다. 세월이 흐르면 우리 모두가 완전해질 수밖에 없다는 말이다. 하지만 이 불완전을 포기할 때에만 그렇게 된다. 이 세상은 아무것도 아니다. 기껏해야 가증스러운 회화요, 실체에 대한 그림자일 뿐이다. 실체로 가야만 한다. 욕망 포기가 우리를 그리로 데려다줄 것이다. 욕망 포기는 우리 진실한 삶의 기초, 바로 그것이다. 우리가 진정한 삶과 선이라는 생각이 드는 그 모든 순간은, 우리 자신을 생각하지 않는 그때이다. 이 작은 분리된 자아는 반드시 죽어야 한다. 그럴 때, 우리는 실체 안에 있고, 실체가 신이며, 그가 우리의 진실된 본성이고, 그는 늘 우리 안에 있고 우리와 함께 있음을 안다. 그 안에 살고 그 안에 서자. 이것만이 유일한 존재의 기쁜 상태이다. 영적 차원에서의 삶만이 삶이다. 우리 모두 이 체현을 얻기 위해 노력하자.

5장
죽지 않음=불멸
미국에서의 강의

과연 물질에서 의식이 나왔을까? 뇌에서 의식이 나왔을까? 과학자들은 이 문제를 해결하려고 매달렸다. 뇌라는 객체에서 의식이라는 주체가 비롯했을까? 뉴욕대학의 데이빗 차머스^{David Chalmers}는 그렇지 않다고 말한다. 감각기관과 신경에서의 신호는 궁극적으로 전기적 파형으로까지만 알 수 있다고 한다. 그 전기적 신호가 어떻게 이미지가 되고 냄새가 되고 소리가 되고 감촉이 되고 맛으로 감지되는지는 도무지 알 수가 없다고 한다. 물론 어떤 파형이 어떤 감지와 일치하는가까지는 알 수가 있다. 하지만 그 전기 신호와 주관으로서의 의식 사이에서 생생한 느낌으로 변환되는 과정을 여직 알아낼 수가 없다고 한다. 힌두에서는 그 과정을 담당하는 것을 마음^{mind manas}이라 불리는 미세체^{subtle body}로 상정한다. 이 마음 부분은 차치하고라도, 우리가 우리 자신으로 느끼는 이 주체에 있어서는, 과학은 어떤 설명도 못하고 있다. 이것을 데이빗 차머스는 '의식이라는 난제^{hard problem of consciousness}'라 불렀다. 객관은 아무리해도 주관이 될 수 없다. 바깥의 어떤 것도 안의 어떤 물질도 주관적 의식은 될 수 없다. 일인칭으로 경험하는 주체가 될 수 없다. 의식은 선험적으로 원래부터 있는 것이라는 말이 될 수도 있다. 태초 전부터 있었다는 말이다. 우주를 구성하는 기본 원소일 수도 있다. 대부분의 사람들은 마음과 의식을 구분하지 못한다. 뇌의 기능이 고도로 진화되면 의식이 된다고 말해오기도 했다. 자율 주행차나 AI에서 우리는 그럴 가능성을 보고 있다고도 한다. 하지만 AI의 어떤 뛰어난 엔지니어라도, 의식을 만드는 프로그램은 언감생심 생각지도 못한다고 한다. 어디에서 시작할지 그 출발점부터 알 수가 없다고 한다. 객관은 주관을 만들지 못한다. 그 경계선을 넘을 수 있다고 생각하는 순간, 커다란 범주 오류를 범하는 것이기 때문이다.

자나카 왕의 얘기가 전해지고 있다. 그는 고대 인도의 왕이었다. 혹은 황제라고도 한다. 하루는 왕이 잠을 자는데 시종이 와서 급히 깨웠다. 왕이시여, 일어나소서, 주변 나라 왕이 우리나라를 침략해왔습니다. 놀란 왕은 갑옷을 챙겨 입고 무기를 들고서 전장으로 나갔다. 하지만 침략군은 강했고 자나카 왕은 그 전쟁에서 패했다. 부상도 입었다. 침략군의 왕이 말했다. 당신의 나라는 이제 내 나라가 되었다. 하지만 당신은 왕족의 피를 받은 귀한 사람이다. 나는 당신을 죽이고 싶지 않다. 내 마음이 변하기 전에 빨리 이 나라를 떠나라. 자나카 왕은 피 흘리는 몸을 하고 혼자서 옛 자신의 나라를 떠났다. 몸은 지치고 배는 고팠지만 그를 돌보는 사람은 아무도 없었다. 새로운 왕의 보복이 두려웠던 것이다. 며칠인가를 걸어 국경을 넘어 다른 나라로 넘어갔다. 몰락한 왕의 시야에 커다란 솥을 걸고 죽을 끓여 빈민에게 나누어주는 급식소의 모습이 들어왔다. 허겁지겁 다가갔다. 배식하는 사람이 말했다. 이제 막 급식하던 음식이 동이 났소. 바닥에 가라앉은 찌꺼기라도 받아먹겠소? 대답이 필요 없었다. 허겁지겁 바닥 음식을 받아들었다. 떨리는 손으로 토기에 담긴 죽을 먹으려던 순간, 하늘을 날던 매 한 마리가 순식간에 날아내려 그 토기를 덮쳤다. 토기는 땅에 굴러 깨지고 죽은 흩어졌다. 왕이 탄식

했다. 울부짖음이 쏟아져 나왔다. 급히 시종이 침실로 달려왔다. 폐하, 무슨 일이십니까? 왕이 벌떡 침대에서 몸을 일으켰다. 꿈이었다. 소식을 들은 왕비가 달려오고 왕실 의사가 달려왔다. 어디가 불편하십니까? 왕이시여, 무슨 일이십니까? 모두가 달려와 왕의 용태를 염려했다. 왕은 혼잣말처럼 물었다. 여기가 진짜인가, 아니면 거기가 진짜인가? 왕은 시름시름 앓기 시작했다. 늘 이렇게 묻기만 했다. 여기가 진짜인가, 거기가 진짜인가? 시중에 왕의 이런 상태에 대한 소문이 쫙 퍼졌다. 여기가 진짜인가, 아니면 거기가 진짜인가로 왕이 미쳤다는 소문이었다. 세상을 떠돌던 아쉬타바크라 승려가 시중 거리에 다시 들른 것이 그때였다. 그도 왕의 병에 대한 소문을 들었다. 왕궁으로 가 왕을 만났다. 왕이시여, 무슨 일이 있으신 겁니까? 여기가 진짠가, 아니면 거기가 진짠가? 승려가 이리 반문한다. 거기에서 일어났던 일들과 만났던 사람들이 지금 여기에도 있습니까? 여기에는 없네. 그렇다면 지금 여기에 있는 일들과 사람들이 거기에도 있었습니까? 없었다네. 아쉬타바크라 승려가 말했다. 그렇다면 여기에도 거기에도 있는 것은 왕님 자신뿐이네요. 이 말을 듣자 왕은 여기가 진짠가 거기가 진짠가의 물음을 그쳤다. 자기만이 진짜였던 것이다. 다른 모든 여기 거기는 헛것이었다. 말 그대로 꿈이었던 것이다. 자나카 왕은 철학자였고, 아쉬타바크라 승려는 현자였다.(역자)

인간이 죽지 않을 수 있을까 하는 이 질문보다 더 많이 물어졌던 질문이 있었던가? 그 답을 구하기 위해 우주를 헤맨 질문이 이것보다 더 많았던 질문이 있었던가? 인간의 마음에 더 가까이 더 절실히 다가갔던 질문이 이것보다 더한 것이 있었던가? 우리 존재와 불가분의 관계에 있었던 것이 이보다 더 한 질문이 있었던가? 시인과 현자, 사제와 예언자, 제왕들 저마다가 이 질문을 입에 올렸고, 거리의 걸인들도, 죽지 않고 영원히 사는 삶에 대해 꿈꾸곤 했다. 최고의 인간들이 이 불멸을 향해 다가갔고 최악의 인간들도 이 불멸을 희망했다. 이 주제에 대한 관심은 여직 사라지지 않고 있고 인간이 지속되는 한 앞으로도 없어지지 않을 것이다. 여러 다양한 사람들이 다양한 해답을 내놓아왔다. 모든 시대를 거쳐 수많은 사람들이 답을 얻으려다 진을 빼고 결국은 포기했지만, 이 질문은 여전히 신선한 상태 그대로를 유지하고 있다. 삶의 어지러운 다툼 가운데 간간이 잊히는 듯도 했다. 하지만 누군가가 죽는다. 누군가 사랑했던 사람, 우리 가슴에 가까이 있었고 다정했던 누군가가 우리로부터 앗겨간다. 우리를 둘러싸고 있던 그 모든 소음과 다툼이 한순간 정지한다, 그리고 예의 그 물음이 되살아난다. "이것 다음엔 무엇?" "영혼은 이제 어디로?"

인간의 모든 지식은 경험으로부터 도출된다. 우리는 경험이 아니곤 어떤 것도 알 수가 없다. 우리의 모든 분별과 판단은 보편화한 경험에 바탕한다. 우리의 모든 지식은 조화를 이룬 경험에 다름 아니다. 우리 주위를 둘러보라. 무엇이 보이는가? 모든 것이 끝없이 변하고 있다. 씨앗으로부터 싹이 돋고 나무로 자라 하나의 원을 이루더니 마침내 씨앗으로 돌아간다. 짐승이 태어나고 한동안 살다가 죽는다. 원을 완성한다. 인간도 마찬가지다. 산은, 천천히 하지만 확실히, 무너져 내리고, 강은, 천천히 하지만 확실히, 말라 없어진다. 비는 바다로부터 나와서 바다로 돌아간다. 모든 곳에서, 탄생과 성장, 발전과 쇠퇴의 과정을 수학적 정확성으로 따라가면서 원을 완성한다. 우리의 매일의 경험이 이것이다. 그 모든 것들 안에, 우리가 생명이라 부르는 이 거대한 더미 너머에, 헬 수 없이 많은 모양과 형상 너머에, 가장 낮은 원자로부터 영혼의 가장 높은 단계인 인간에 이르기까지, 우리는 어떤 하나의 통일성을 발견하게 된다. 우리는 하나와 다른 하나를 가른다고 생각하던 벽이 무너져 내리는 것을 본다. 현대과학은 모든 물질이 하나의 바탕 재료로 된 것임을 인식하고 있다. 다른 방식들로, 다른 다양한 형태로, 드러나고 있을 뿐이다. 하나의 생명이 이런 다양한 모든 모습의 연결고리를 이루는 연속된 사슬을 따라 흘러가고 있음을 보이고 있다. 거의 무한히 확장되지만 동일한 하나의 사슬이다. 이른바 진화라는 이름으로 불린다. 인간 사회만큼 오래된 생각이지만, 인간 지식이 진전되면서 자꾸 자꾸 새로워지고 있다. 또다른 하나가 있다. 고대인들은 인지했지만 현대의 우리들은 여직 분명히 인지하고 있지 못한 사실이 있다. 퇴축이 그것이다. 씨앗은 식물이 된다. 모래알은 결코 식물이 될 수 없다. 아버지의 씨앗이 아이가 된다. 진흙 한 덩이는 결코 아이가 될 수 없다. 이런 진화는 어디에서 오는가? 그것이 의문이다. 씨앗이란 무엇인가? 나무의 경우와 같다. 미래에 있을 나무의 모든 가능성이 그 씨앗 안에 있다. 미래의 사람의 모든 가능성이 사람의 씨앗 하나에 있다. 미래의 모든 가능성이 그 배아 안에 있다. 인도 고대 철학자들은 이것을 일러 퇴축이라 했다. 모든 진화에는 퇴축이 전제되어 있음을 알 수 있다. 이미 그것에 들어 있지 않으면 진화가 이루어질 수 없다. 다시, 현대과학이 우리의 생각을 도와준다. 우주에 있는 모든 에너지의 합은 불변임을 수학이 말해주고 있다. 원자 하나도, 1피트파운드의 힘도 없앨 수 없다. 원자 하나의 물질도, 1피트파운드의 힘도 우주에 더할 수 없다. 마찬가지로 진화는 아무것도 없는 곳에서 나오지 않는다. 그렇다면 어디서 나오는 것일까? 앞서 있던 퇴축에서이다. 아기는 어른의 퇴축이다. 어른은 진화된 아기다. 씨앗은 나무의 퇴축이고 나무는 씨앗의 진화다. 생명의 모든 가능성은 배아에 있다. 이제 문제는 보다 분명해진다. 처음 생각했던 생명의 연속성을 여기에 대입해보자. 가장 하등의 원형질로부터 가장 고등의 인간에 이르기까지 진실로 하나의 생명만이 자리하고 있는 것을 안다. 오직 하나의 생명 안에, 너무도 많고 다양한 여러 단계가 표현되는 것을 본다. 원형질이 아기로, 소아로, 청년으로, 노년으로 발전해간다. 다시 말해 원형질로부터 완전한 인간에 이르기까지 하나의 연속된 생명, 하나의 사슬이 자리하고 있다. 이것이 진화다. 하지만 각각의 진화는 퇴축을 전제함을 우리는 보았다. 스스로를 원형질로부터 완전한 인간에 이르기까지 서서히 드러내는-땅에서의 신의 육화-이 생명 전체, 이 일련의 전체는 단지 하나의 생명이다. 또한 이것의 모든 현시, 모든 드러남은 바로 저 원형질에 퇴축되어 있었다. 이 전체 생명, 이 지상에서의 신은 저 원형질 속에 퇴축되어 있었고 천천히 나와 스스로를 천천히 천천히 현시했다. 최고의 현시들이 미세 상태로 배아 속에 있었음이 틀림없다. 그러므로 이 하나의 힘, 이 하나의 사슬이야말로 우주 어디에나 있는 우주적 생명의 퇴축이다. 원형질로부터 가장 완전한 인간에 이르기까지 서서히 서서히 자신을 풀어내는 하나의 지성덩어리라 할 수 있다.(130년 전, 분자생물학이 거의 없었던 그때, 행한 강연-역자) 성장이 아니다. 당신들 마음에서 성장이라는 개념을 지우기 바란다. 성장이란 개념은 무언가 외부로부터 들어온 것과 연관된다. 모든 생명에 잠재된 무한성이야말로 모든 외부 조건에 독립되어 있다는 것이 진실이라면, 그 진실에 대한 거짓의 개념이 성장이다. 그것은 결코 성장하는 것이 아니다. 늘 거기에 있었다. 다만 때가 되어 스스로를 드러낼 뿐이다.

효과(결과)는 원인이 드러난 것이다. 결과와 원인 사이에는 본질적 차이가 없다. 예를 들어 이 잔을 보자. 물질이 있었다. 그 물질과 만드는 사람의 의도가 합쳐져서 잔이 만들어졌다. 물질과 의도가 이 잔의 원인이며 그것들은 이 잔 안에 있다. 의도는 어떤 형태로 나타나 있나? 점착이란 형태로서다. 그힘이 없다면 각각의 입자들은 떨어져나갈 것이다. 결과는 무엇인가? 원인과 동일하다. 단지 다른 형태, 다른 구조를 얻었을 뿐이다. 원인이 변하여 어떤 시간 안에 묶일 때, 결과가 되는 것이다. 이것을 기억해야 한다. 원형질로부터 완전한 인간에 이르는 이 한 시리즈의 발현 전체에 우리의 생명 개념을 적용시키는 방식은 우주 생명의 경우에도 마찬가지가 되어야 한다. 우선 퇴축되어 미세화되어야 한다. 그런 후 원인은 그 미세화된 것으로 적셔지고[wet], 진화가 계속되어 스스로를 드러내어, 마침내 눈에 보이는 구체적인 것이 된다.

하지만 불멸 문제가 해결되기에는 아직 갈 길이 멀다. 우주의 모든 것은 파괴될 수 없음을 보았다. 새 것은 없다. 새 것은 없을 것이다. 마치 수레바퀴의 한 점처럼 위로 굴러 올랐다가 아래로 굴러 내려가는 모습을 교대로 보이면서 스스로를 드러낼 뿐이다. 우주의 모든 운동은 올라갔다가 내려오는 연속적인 물결의 형태를 띤다. 미세한 형태로부터 갖가지의 체계들이 나와 스스로 진화하여 눈에 보이는 형태의 것들이 되다가 다시 녹아내려, 말 그대로 미세한 것들로 돌아간다. 그리고 다시 그것들로부터 일어난다. 한동안 진화하다가 다시 원인으로 돌아 간다. 모든 생명이 같다. 개개의 모든 생명 발현은 위로 솟구쳤 다가 다시 원래로 돌아간다. 무엇이 돌아가는가? 형태다. 모양 이다. 모양은 조각들로 깨어진다. 하지만 다시 모인다. 어느 면 에서 보면, 몸과 모양 역시 영원하다고 할 수 있다. 어떻게? 주 사위 몇 개를 들고 던진다고 하자. 6-5-3-4의 숫자로 떨어졌 다. 주사위를 다시 주워 반복하여 던진다. 꼭 같은 숫자들이 동 시에 나오는 때가 반드시 있을 것이다. 같은 조합은 반드시 나 온다. 우주 안의 개개 입자들, 개개 원자들을 주사위로 본다면, 이것들이 던져지고 다시 조합된다. 여러 번 반복된다. 지금 당 신 앞의 여러 모양들이 바로 이 조합들이다. 잔, 테이블, 물병 등등이 그런 것들이다. 하나의 조합이다. 시간이 흐르고 이 조 합은 깨진다. 하지만 이와 정확하게 꼭 같은 조합이 다시 돌아 오는 때가 반드시 온다. 당신이 그 자리에 있고 이 모양이 다시 여기 있게 된다. 이 주제가 다시 말해지고 물병이 다시 거기 있 는 때 말이다. 무한히 많은 때만큼 그래 왔고 무한히 많은 때만 큼 앞으로도 반복될 것이다. 이제까지 물리적 모양에 대한 예 시였다. 무엇을 알 수 있나? 물리적 형태조차 영원히 반복된다 는 사실이다.

이 이론에서 파생되는 아주 흥미로운 결론이 하나 있다. 다 음과 같은 사실에 대한 설명을 할 수 있다는 것이다. 사람들의

과거를 읽어내어 미래에 대해 알려주는 이를 본 일이 있을 것
이다. 통제되어 조작될 수 있는 미래가 있지 않은 한, 어떻게
미래를 볼 수 있을까? 과거의 영향은 미래에 다시 일어난다.
그것을 보는 것이다. 시카고의 페리스 관람차를 보았을 것이
다. 바퀴가 돌고 바퀴에 달린 작은 관람차들이 차례로 다가온
다. 한 팀의 사람이 타고 앉았다가 한 바퀴 돈 후 내린다. 그런
후 다시 다른 사람들이 새로 탄다. 이런 한 팀의 사람들이 가장
하등의 동물로부터 가장 고등의 인간까지의 발현들이다. 우주
는 끝없이 무한히 이어지는 페리스 관람차 같아서, 그 작은 관
람차 하나하나가 새 영혼들이 갈아타는 몸과 모양들이다. 완전
해질 때까지 올라가고 올라갔다가 이윽고 내려와 차에서 내리
게 된다. 하지만 관람차는 계속 돈다. 따라서 몸의 경우, 관람차
회전 바퀴 안에 있을 때까지는 앞으로 어떻게 될지 수학적으로
정확히 예측할 수 있다. 영혼은 몸처럼 바뀌지 않지만 몸은 예
측 가능하게 바뀐다. 따라서 우주(자연)의 과거와 미래는 정확
하게 읽을 수 있다. 어떤 시기에 어떤 똑같은 물질적 현상이 다
시 일어나는지를 알 수 있다. 영원을 통해 동일한 조합들이 있
어 왔다. 영혼의 불멸은 이런 식과는 좀 다르다. 어떤 힘도 죽
지 않으며 어떤 물질도 멸절되지 않는다. 어떻게 되는가? 그것
이 나왔던 근원으로 돌아갈 때까지 뒤로 또 앞으로 끊임없이
변화한다. 직선으로 진행하는 운동은 없다. 모든 것은 원형으
로 움직인다. 직선을 끝없이 이어가면 원을 그린다. 그럴진대

어떤 영혼에게도 영원한 퇴화는 불가능하다. 그럴 수가 없다. 모든 것은 원을 이루게 되어 있고 근원으로 돌아오게 되어 있다. 당신과 나, 그리고 다른 모든 영혼은 대체 무엇인가? 진화와 퇴축에 대한 우리의 논의를 통해, 당신과 내가, 그 원을 완성해야만 하고, 신, 다시 말해 우주적 지성으로 돌아가야만 하는 우주 의식, 우주 생명, 우주 마음에 참여하고 있는 존재임을 본다. 이 우주 지성이야말로 사람들이 주님^{Lord}, 신, 그리스도, 부처, 혹은 브라흐만이라 부르는 것들이다. 유물론자들은 그것을 일러 힘이라 부르고, 불가지론자들은 저 너머의 표현할 수 없는 무한-우리 모두는 그것의 부분인-이라 부른다.

이상이 두 번째 생각이다. 하지만 충분치 않다. 의문은 더 쌓인다. 어떤 힘이든 파괴되어 없어지지 않는다는 말은 맞는 말이다. 하지만 우리가 보고 있는 모든 힘과 형태는 조합품들이다. 우리 앞에 있는 이 형태는 여러 성분들의 부분품들이 조합된 것이며, 우리 눈에 드러나 있는 모든 힘 역시 조합된 것으로서의 힘이다. 힘을 과학적 개념으로 따져서 여러 다른 힘들의 총계라 부를 수 있다면, 무엇이 당신의 개체성이 될까? 합성으로 된 모든 것은 조만간 반드시 그 구성 성분으로 돌아가게 된다. 물질 혹은 힘의 조합으로 결과된 우주의 모든 것들은, 그 무엇이든 조만간 그 구성 성분으로 돌아가야만 한다. 어떤 원인들의 결과인 것들은 무엇이든 반드시 죽어야 하고 파괴되

어야 한다. 부서져 흩어지고 그 구성 성분들로 다시 분해되어
야 한다. 영혼은 힘이 아니다. 생각 또한 아니다. 생각의 생산
자이지 생각 자체가 아니고, 몸의 생산자이지 몸 자체가 아니
다. 어째서 그런가? 몸은 영혼이 될 수 없다는 것을 우리는 안
다. 어째서 될 수 없는가? 몸은 푸줏간의 고기덩이가 아닌 것처
럼 지성도 아니다. 지성은 무엇을 의미하는가? 반응하는 힘을
말한다. 조금 더 깊이 들어가보자. 여기 물병이 하나 있다. 나
는 그것을 본다. 어떻게? 물병에서 나온 빛이 내 눈으로 들어가
내 망막에 상이 맺어져 뇌로 전달된다. 하지만 거기에는 모습
이 없다. 생리학자들이 감각신경이라 부르는 것들이 모습의 느
낌 혹은 인상을 안으로 전달한다. 하지만 이 지점까지는 반응
이 없다. 뇌의 신경 중추가 마음으로 이 인상을 전달하고, 마음
이 거기에 반응하면 그 반응 즉시, 물병의 모습이 마음 앞에 빛
난다. 보다 보통의 예를 들어보자. 당신들이 내 얘기를 아주 주
의를 기울이며 듣고 있는데, 모기 한 마리가 코 위에 앉아 물었
다 하자. 하지만 너무 주의를 기울여 듣고 있기 때문에 모기를
알아차리지 못한다. 무슨 일이 일어났는가? 모기는 당신 피부
의 한 부분을 물었고 거기에는 신경이 자리하고 있다. 모종의
감각을 뇌로 전달한다. 그 느낌, 인상이 거기에 있다. 하지만 마
음은 다른 일에 점거되어 있어 반응하지 않는다. 모기의 존재
를 알아차리지 못하는 것이다. 새로운 인상이 왔을 때, 마음이
반응하지 않으면 우리는 그것을 알아차리지 못한다. 반응이 있

을 때 우리는 느끼고 보고 듣는다. 이 반응과 함께, 상키아 철학에서 말하는 비춤^{illumination}이 오는 것이다. 몸은 비춤이 불가능하다. 주의 집중이 없으면 감각이 가능하지 않기 때문이다. 어떤 특이한 조건 아래서 전혀 배우지 않은 언어를 말할 수 있는 사람들의 예가 알려져 있다. 그런 사람의 경우, 어릴 적 그 언어를 말하는 사람들 가운데 살았던 사실이 조사를 통해 밝혀지곤 한다. 그 말의 인상이 뇌 속에 남아 있었는데, 어떤 원인들로 인해 마음이 반응을 일으키고 비춤이 와서 나중에서야 그 언어를 말할 수 있게 된 것이다. 이를 통해 알 수 있는 것은, 마음 하나만으로는 충분치 못하고 마음 그 자체는 그 사람의 손에 들려 있는 하나의 도구일 뿐이라는 사실이다. 앞의 사람의 예에서 어릴 적 소년의 경우, 마음이 그 언어를 담아 가지고 있었지만 그는 그것을 몰랐다. 하지만 나중에 알게 되는 때가 왔다. 마음 외에 또 다른 어떤 이가 있음을 보여준다. 아이였을 때 그 다른 이는 자신의 힘을 사용하지 않았다. 자라고 나서 그 힘을 쓰게 된 것이다. 우선 몸이 있다. 다음으로 생각의 도구라 할 마음이 있다. 그런 뒤, 마음 뒤에 있는 세 번째가, 비로소 자기인 것이다. 산스크리트어로 아트만^{Atman}이다. 현대의 철학자들은 생각을 뇌의 분자운동과 동일시해왔기 때문에, 이런 경우에 대해 설명할 방법을 알지 못하고 있고, 일반적으로 이런 사실 자체를 부정하고 있다. 마음은 몸이 바뀔 때마다 죽게 되는 뇌와 밀접히 연결되어 있다. 자기는 비추는 자이고 마음은 그의 손에 들려 있는 도구다. 그 도구를 통해 외부로 나 있는 도구(감각기관)를 붙잡고 그를 통해 인지가 이루어진다. 외부 도구들은 인상을 붙잡고 그것들을 내부 기관들(internal organs, 주로 뇌신경cranial nerves을 말함.-역자)로 전달한다. 눈이나 귀는 단지 수신기에 불과함을 반드시 기억해야 한다. 실제로 작용하는 것은 내부의 기관, 다시 말해 뇌의 신경 중추이다. 산스크리트어로 이것을 인드리아^{Indrya}라 부른다. 감각들은 이 인드리아로부터 마음으로 운송된다. 마음은 마음의 또 다른 한 상태인, 산스크리트어로 치타^{Chitta}[무의식, 기억창고]라 불리는 곳으로 감각들을 더 깊이 전달한다. 거기서 의사^{意思}로 조직화되고 이 모든 것들이 내면에 있는 왕 중의 왕, 보좌 위의 지배자, 인간의 자기에게 제시된다. 상황을 알게 된 그는 명령을 내린다. 마음은 내부기관들에 즉각 작용하고 기관들은 외부 신체에 작용한다. 진정한 인식자, 진정한 지배자, 다스리는 자, 창조자, 이 모든 것들의 조정자가 바로 이 인간의 자기이다.

한편으로 우리는 이 인간의 자기가 몸도 아니고 생각도 아닌 것을 안다. 이 자기는 조합된 것일 수 없다. 어째서 그런가? 모든 조합된 것들은 눈으로 볼 수 있거나 상상될 수 있다. 우리가 상상하거나 인지할 수 없는 것은 힘이나 물질이 아니다. 원인이나 결과도 아니다. 조합된 것이 될 수도 없다. 조합된 것들의 영역은 우리 생각의 우주가 미치는 곳까지 만이다. 이것을 넘어서면 유효하지 않다. 조합된 것들의 영역은 인과율이 지배하는 곳까지며, 인과율의 너머에 있는 모든 것들은 결코 조합된 것일 수 없다. 이 인간의 자기는 인과의 법칙을 초월해 있는데, 조합된 것이 아니다. 그것은 언제나 자유롭고, 인과율 안에 있는 모든 것들을 지배한다. 결코 죽지 않는다. 왜냐하면 죽음이란 원래의 구성 부분품으로 돌아가는 것을 의미하고, 결단코 조합품인 적이 없었던 것은 결코 죽을 수도 없다. 그런 것이 죽는다는 것은 멀쩡한 헛소리에 불과하다.

우리는 지금, 점점 미묘하고 유현한 지반 위를 딛고 나아가고 있다. 누군가는 두려움을 느끼기도 할 것이다. 우리는 이 자기가, 물질과 힘과 생각으로 된 작은 우주를 넘어서 있는, 하나의 단일체임을 보았다. 또한 단일체이기 때문에 죽을 수도 없다는 것도 보았다. 죽지 않는 것은 살 수도 없다. 삶과 죽음은 같은 동전의 앞면과 뒷면이기 때문이다. 삶은 죽음의 다른 이름이고 죽음은 삶의 다른 이름이다. 하나의 특정한 현현 방식을 일러 삶이라 하고, 같은 것을 이르는 또 다른 특정 현현 방식을 죽음이라 한다. 하나의 파도가 그 꼭대기에 솟아 있을 때가 삶이고, 밑바닥으로 떨어져 있을 때가 죽음이다. 어떤 것이 죽음을 초월해 있으면, 우리는 자연스럽게, 그것이 삶도 초월해 있음을 본다. 인간 영혼은 신으로 존재하는 우주 에너지를 구성한다는 첫 번 결론을 상기해야만 하겠다. 이제 우리는, 그 인간 영혼이 삶과 죽음 너머에 있음을 알게 된다. 당신은 결코 태어난 적이 없었다. 결코 죽는 일도 없을 것이다. 우리 주위에서 보는 이 탄생과 죽음이란 과연 무엇인가? 단지 몸에 속한 일일 뿐이다. 영혼은 모든 곳에 편재하기 때문이다. "어떻게 그럴 수 있나?" 당신은 물을 것이다. "수많은 사람들이 여기 앉아 있는데, 당신은 영혼이 편재한다고 말하는 건가?" 그러면 나는 묻는다. 법칙 너머 있고 인과 너머 있는 것을 제한할 수 있는 것이 무엇인가라고. 이 유리잔은 제한되어 있다. 편재해 있지 않다. 주위의 물질력들이 그것에 형태를 강요하고 그것이 확장되지 못하게 하고 있다. 이것 주위의 것들에 의해 조건 지어져 있고, 따라서 제한되어 있다. 하지만 인과율 너머에 있어 작용을 가할 어떤 것도 없는 곳에 자리하는 것이 있다면, 그것을 어떻게 제한할 수 있겠는가? 편재해야만 할 것이다. 당신은 우주 어디에나 있다. 그럴진대 내가 태어나고 또 죽어간다는 그 모든 것은 무슨 말일까? 무지에서 나오는 말이고, 뇌의 환각에서 나오는 말이다. 당신은 태어나지 않았고 죽지도 않을 것이다. 탄생이 없었고 다시 태어남도 없으며, 생명도 환생도 다른 어떤 것도 없다. 오고간다는 것이 무슨 뜻인가? 모두가 피상적인 헛소리들일 뿐이다. 당신은 어디에나 있다. 그럴진대 지금의 이 오고감은 무엇인가? 우리가 마음이라 부르는 이 미세체의 교체가 만들어낸 환각이다. 그것은 계속된다. 작은 구름 한 점이 하늘을 지나가고 있다. 구름이 움직이면 하늘이 움직이는 것처럼 보이는 착각이 일어난다. 달 앞에 구름이 움직일 때도 같은 착각이 일어난다. 기차를 타고 있을 때 땅이, 배를 타고 있을 때 바다가 움직이는 것 같은 착각과 같다. 실상의 당신은 가지도 오지도 않는다. 태어나지도, 다시 태어나지도 않는다. 당신은 무한하고 언제나 존재하고 모든 인과를 벗어나 있고 언제나 자유롭다. 이에 관해 묻는 것은 어리석은 난센스에 불과하다. 태어남이 없는데 무슨 죽음이 있겠는가?

한걸음 더 나아가서, 논리적 결론에 닿아야만 한다. 어중간한 중간 지역은 없다. 당신들은 현명한 사람들[metaphysician, 형이상학자]이다. 변명으로 둘러댈 자리가 있으면 안 된다. 그런 확실한 결론에 이르기만 한다면, 우리는 모든 법칙들 너머에 있게 되고 어디에나 존재하며 늘 행복하며 모든 지식을 지니며, 모든 힘과 모든 복락이 우리에게 있게 된다. 확실히. 당신은 모든 것을 알고 우주의 어디에나 존재한다. 다수의 그런 존재들이 있을까? 수억 수조의 편재적 존재들이 있을까? 분명코 그렇지는 않을 것이다. 그렇다면 우리 모두는 무엇일까? 하나다. 단 하나의 자기^{Self}가 있다. 그 하나의 자기가 당신이다. 이 조그만 우주 너머에 서 있는 그것을 우리는 영혼이라 부른다. 단지 하나의 존재가 있다. 하나의 존재, 끝없이 행복하고 어디에나 있으며 모든 것을 알고 태어남도 죽음도 없는 단지 하나의 존재가 있다. "그의 관리를 통해 하늘이 펼쳐지고, 그의 관

133

리를 통해 공기가 흐르고, 그의 관리를 통해 해가 빛나며, 그의 관리를 통해 모든 것이 사는. 우주의 실재, 네 영혼의 영혼. 아니 오히려, 네가 그이다. 네가 그와 하나다." 어떤 것이든 둘이 있으면 두려움이 생긴다. 위험이 생기고 갈등이 생긴다. 투쟁이 있게 된다. 모두가 하나라면 누구를 미워할 것이며 누구와 갈등할 것인가? 이것이 생명의 진정한 본성이다. 존재의 진정한 본성이다. 이것이 온전함이며 이것이 신이다. 여러 개를 보고 있는 한, 망상에 빠져 있는 것이다. "이 여럿의 세상에서 그 커다란 하나를 보는 사람, 이 끝없이 변하는 세상에서 결코 변하지 않는 그를 보는 사람, 그를 자신의 영혼의 영혼으로, 자신의 자기로 보는 사람, 그는 자유를 찾았고 축복받았고 목표에 도달한 사람이다." 그러므로 네가 그임을 알아라. 네가 이 우주의 신이다. "타트 트밤 아시$^{Tat\ Tvam\ Asi}$"(네가 그이다). 나는 남자다 나는 여자다, 병 들었다 건강하다, 강하다 약하다, 사랑한다 싫어한다, 권력이 조금밖에 없다 권력이 많다, 등등의 이 모든 여러 생각들은 환상에 불과할 뿐이다. 그것들을 쫓아내 버려라. 무엇이 너를 약하게 하는가? 무엇이 너를 두렵게 하는가? 너는 이 우주의 큰 한 존재다. 무엇이 무서운가? 일어서라 그리고 자유로워져라. 이 세상에서 당신을 약하게 하는 그 모든 생각과 말들이야말로 세상에 존재하는 유일한 악^{惡}임을 알아야 한다. 사람을 약하게 하고 두렵게 하는 그 모든 것들은 피해야 하는 유일한 악이다. 무엇이 너를 두렵게 할 수 있나? 해가 떨

어지고, 달이 박살나 먼지가 되며, 체계와 체계가 몽땅 절멸된
다 해도, 네게 무슨 대수냐? 바위처럼 굳건히 서라. 너는 파괴
될 수 없는 존재다. 네가 우주의 자기이고 우주의 신이다. 이리
말하라. "나는 절대 존재다. 나는 절대 행복이다. 나는 절대 지
식이다. 내가 그다$^{\text{I am He}}$." 우리를 부수고 밖으로 나온 사자처럼
네 사슬을 깨뜨리고 영원히 자유로워져라. 무엇이 너를 두렵게
하는가? 무엇이 너를 억압하는가? 무지와 망상만이 그리 할 수
있다. 다른 어떤 것도 너를 묶을 수 없다. 너는 순전한 하나이
다. 영원한 행복을 지닌.

　실없는 바보들이 네게 말한다. 네가 죄인이라고. 너는 모퉁
이에 앉아 울고 있다. 당신들을 죄인이라고 말하는 것은 우매
함과 사악함이고, 비열함의 극치이다! 당신들은 모두 신이다.
당신을 신으로 보지 않고, 신을 사람이라고 부른다고? 그러니
담대하게 앞의 사실 위에 서서 당신 전체 인생을 그 위에 세워
주조해보라. 어떤 사람이 네 목을 끊으려 한다면 거절하지 마
라. 네 스스로가 네 목을 끊으려 하는 것이니까. 가난한 사람을
돕는다면, 손톱만큼의 우월감도 가지지 마라. 네 스스로를 경
배하는 것이니 어떠한 우월감의 이유도 될 수 없다. 전체 우주
가 너 아니냐? 너 아닌 곳이 어디 있느냐? 너는 이 우주의 영혼
이다. 너는 해요 달이요 별들이요, 모든 곳에서 빛나고 있는 것
이다. 전체 우주가 너다. 누구를 미워하고 누구와 싸우려 하는

가? 네가 그^{He}임을 알라. 이에 맞추어 네 전체 인생을 형성하라. 이런 사실을 알고 또 그에 따라 자신의 삶을 사는 사람은 더 이상 어둠 속에서 기어 다닐 필요가 없다.

(이 글에서 영혼이라는 단어를 의식^{意識}이라는 단어로 바꾸어 읽기를 권한다. 영혼은 여러 종교에서 너무 다의적 의미로 사용되어 혼동을 가져온다. 베단타 철학에서 말하는 Cit, Chaitanya, samvid, awareness, consciousness로 바꾸어 이해하는 것이 필수적이다. -역자)

6장
진짜의 인간과 모양의 인간
뉴욕에서의 강의

우리 밖에 있는 물상의 존재 확인에 대해 칸트는 이렇게 말했다 한다. '우리의 몸 밖에 있는 물상들의 존재 인정은 믿음을 통해 받아들여질 수밖에 없다. 하지만 그들의 존재에 대해 끝까지 의심하는 사람이 있다면 그 의심을 해결할 수 있는 방법은 없다.' 이것이 그의 유명한 '철학의 상존하는 추문standing scandal of philosophy'이다. 우리 몸 밖에 있는 물상들이 정말로 존재하는지를 철학적 논리로 증명할 수 없다는 것이다. 비베카난다는 이렇게 말했다. "어떤 사람도 자기 밖의 물질을 느낄 수 없다. 자신 안의 물질만 느낄 수 있다. 자기 피부를 뛰어넘어 밖으로 나와 어떤 다른 것을 경험할 수 있는 사람은 없다." 그 밖의 다른 모든 것, 자기 밖의 것에 대한 경험에는 의식의 관여가 필수적이라는 말이다. 의식이 의식을 경험한다. 절대의 의식이 반사의 의식을 보고 듣고 만진다. 노벨 물리학상을 받았던 프린스턴의 유진 위그너는 이렇게 말했다. "양자역학을 증명하기 위해서는 의식의 개입이 필수적이다." 우주의 존재 증명을 위해서는, 바라보는 자의 의식이 꼭 필요하다는 말이다. 존재 비존재 이전에 의식awareness이 있어야 한다는 말과도 같다.

오랜 옛날에는 다신교가 있었다. 조그만 신들이 여럿 있었다. 여러 작은 부족들에 부족장이 각각 존재했던 것과 같이. 그런 후 봉건 시대의 제후들을 거쳐 한 사람이 통치하는 왕정이 나타났다. 황제도 생겨났다. 이른바 일신교의 시대가 되었다. 우리가 아는 유대교, 기독교, 이슬람교가 그것들인데, 힌두에서는 브라흐만으로 불리는 일종의 유일신이 있었다. 이들보다 앞서서 조로아스터교가 있었고, 그들에게 인류 최초의 유일신이 있었다. 이름은 아후라 마즈다였다. 종교와 정치는 비슷한 궤적을 그린 것처럼 보인다. 힌두는 이 일신교적 종교에도 만족하지 못했다. 그 인격신 역할로서의 브라흐만을 모든 개인에서의 아트만으로 열어주는 단계에 이른다. 한 왕이나 황제에게의 권력이 아닌 모든 사람에게 권력이 나누어진 것과 같다. 이른바 민주적인 형태의 종교가 된 것이다. 이것이 비이원론적[아드바이타, advaita] 베단타이다. 여기서는 모든 사람 각각이 신이라는, 천지의 신과 개인으로서의 신이 같은 것이라는, 도발적이면서도 원점적인 신앙 선언이 나온다. 17세기의 스피노자가 이와 비슷한 신관을 표명했다. 후에 아인슈타인은 이것을 스피노자의 범신론이라 부르면서(범신론으로 부르는 것은 약간 맞지 않지만), 미신이 아닌 유일한 진짜 종교라고 존경을 표했다. 그는 스피노자에게 바치는 시도 썼다. 이 스피노자와 비슷한 신관을 표명한 사람으로는 중세 독일 가톨릭에서 파문당한 마이스터 에카르트도 있었다. 그리고 베토벤도 있다. 인간과 신에 대한 비이원적 우주관에 감복한 그는, 그 내용을 스스로 적어 넣어 액자를 만들고 자기 책상 위에 놓아두었다 한다. 이런 내용이었다. "I am that which is. I am all that was, that is, and that shall be." 어떻든, 우주와는 사뭇 무관하게 인간의 모습을 하고, 인간사에 상벌로써 간여하던 인격신이 아닌, 우주 안과 우주를 통한 모든 곳에 존재하는 원리로서의 신 개념은 비이원론적 베단타 철학의 중심 개념이다.

샨카라차리아는 기아나 요가와 박티 요가를 구별해서 썼다. 빼어나고 영리한 사람에게는 기아나 요가를 가르쳤고, 그러지 못한 대부분의 사람에게는 박티 요가를 권했다. 1,200년 후의 비베카난다는 달랐다. 누구든 우주 모든 것에 신이 있음을 보고 또 그렇게 살아가면, 모든 사람들이 구별 없이 깨달음에 이른다고 가르쳤다. 돈오돈수 돈오점수의 논쟁이 한때 무서울 정도로 달아올랐던 적이 있다. 중국적 논쟁이었다.

삼매의 감옥에 신을 가둔다. 감옥에 갈 때에만 신을 만난다. 그 감옥은 니르비칼파 사마디[nirvikalpa samadhi](무상삼매)라는 이름의 감옥이다. 라자 요기들이 그토록 그 우위를 주장하는 감옥이다. 그 감옥은 또한 중국을 거쳐 몽중일여니 숙면일여니 하는 극단적 파생 감옥도 만들어놓고 있다. 문제가 있다. 결코 그런 삼매가 가능하지 않다는 사실이 그것이다. 영화관에서는 영사기의 스위치를 끄면 스크린만을 볼 수 있다. 그러면서 스크린의 존재를 확실히 확인할 수 있다. 영화가 세계라면 스크린은 신이다. 절대다. 존재 자체다. 하지만 현실 우주에서는 결코 그런 스위치가 없고 우주의 영화는 일순간도 멈출 수가 없다. 스크린이 스크린임을 알고서 의식만이 유일한 존재임을 알면서, 늘 상영되고 있는 이 우주의 영화를 받아들일 수밖에 없다. 안타깝지만 그것이 우리의 현실이고 사실이다. 기아나 요가의 중요성이 여기에 있다.

공[空](sunya)에 대한 명상을 깊이 한, 현존하는 티벳 불교 승려가 있다. 그는 유럽으로 가서 공에 대한 책을 한 권 썼다.『Progressive Stages of Meditation on Emptiness』라는 제목인데, '공에 대한 명상에서의 진전된 단계'쯤으로 옮길 수 있겠다. 거기 가장 마지막 단계로 소개되는 센통[shentong]파의 명상법에서, 공이 마침내 밝고 투명한 비춤으로 나타난다는 설명이 나온다. 바닥 없는 구덩이 아래로 끝없이 떨어지는 것으로서의 중관견中觀見, Madhyamaka을 지나, 하나의 비춤으로서의 투명한 밝음을 만나게 됨을 말한다. 그것이 공의 극점이라는 것이다. 불교는 이것을 공空, Sunyam으로 말하고 힌두는 이것을 만滿, Purnam으로 말한다. 여기에 이르러 두 견해가 바야흐로 일치를 본다고 말하는 사람들도 있다.(역자)

여기 우리는 서서, 때로 눈을 들어 몇 마일 멀리 앞을 내다본다. 생각이라는 것을 시작한 이래 인간은 이리해왔다. 언제나 앞을 향해, 위를 향해 보는 것이다. 죽고 난 뒤 몸이 해진 후에는 어디로 가는가 하는 물음에 대한, 답을 알고 싶은 것이다. 다양한 이론들이 제시되었고 그 물음에 대한 설명을 제시하는 체계들이 연이어 나왔다. 어떤 것들은 거부되었고, 어떤 것들은 받아들여졌다. 인간이 여기 있는 한, 인간이 생각을 하는 한, 이런 패턴들이 지속될 것이다. 각각의 체계들에는 약간씩의 진실이 있다. 하지만 진실이 아닌 부분들이 훨씬 더 많다. 이 분야에 대해 인도에서 이루어졌던 탐구의 결과를 그 골자를 모아 당신들 앞에 내놓으려 한다. 여러 세기에 걸쳐 인도 철학자들 사이에서 논의되어왔던 주제들이므로, 여러 사상들을 조화롭게 전개해보려 한다. 심리학과 형이상학, 나아가 가능하다면 현대과학 사상들과도 조화되도록 노력해보겠다.

베단타 철학에서의 주제 중 하나가 통합에의 추구다. 힌두의 특질이라면, 특수성에는 별 관심이 없고 보편성을 추구하는 데 있다. 아니, 우주성이라는 것이 더 맞겠다. "그것을 알게 되면 다른 모든 것을 알게 되는 것, 그것이 무엇인가?" 중요한 주제이다. "흙덩이 하나의 지식을 통해 모든 흙 전체를 알게 되는 것처럼, 어떤 하나의 지식을 통해 우주 전체를 알게 되는 그런 지식은 어떤 것일까?" 중요한 탐구이다. 힌두철학자들에 의하면 이 우주 전체는 하나의 근본 요소로 환원될 수 있다고 한다. 그것은 아카샤^{Akasha}(space, 공간-역자)로 불린다. 우리가 주위에서 보고 느끼고 접촉하고 맛보는 모든 것들은 이 아카샤의 분화된 현현일 뿐이다. 모든 곳에 퍼져 있으며, 눈에 보이지 않고 섬세한 것이다. 고체, 액체, 기체, 모양, 형태, 덩어리, 해, 달, 별들, 이 모두가 이 아카샤로 구성되어 있다.

아카샤에 작용해서 그것으로부터 이 우주를 만들어낸 힘은 과연 무엇인가? 아카샤와 더불어 있는 이 우주적 힘은 힘과 인력으로서 드러나는 우주 안의 힘으로-아니 오히려 생각으로서의 힘이라 할 것인데-, 힌두가 프라나(prana, 생기로 옮길 수 있다.-역자)라고 부르는 힘이 여러 다른 모습으로 나타난 것이다. 아카샤에 프라나가 작용하여 우주 전체를 만든다. 우주 순환주기의 초입에, 이 프라나는 아카샤의 무한한 바다에서 잠자고 있다. 처음에 아무 움직임도 없었다. 그런 다음 이 프라나의 작동에 의해 아카샤의 바다에 움직임이 일어나고 아카샤가 움직이고 진동하기 시작해 다양한 천체들과 해, 달, 별들, 지구, 인간, 동물, 식물과 모든 종류의 다양한 현상과 힘들의 현현이 생겨난다. 그러므로 힘이 최초로 드러나는 것이 그들 철학자들에 의하면 이 프라나다. 모든 물질적 현현은 아카샤다. 이 순환주기가 끝날 때면, 우리가 고체라 부르는 모든 것들은 그 다음 형태로 녹아간다. 그 다음의 섬세한 단계인 액체 상태가 되는 것이다. 다음으로는 기체가 된다. 그 다음에는 보다 섬세하고 보다 균질적인 열진동이 된 후, 모든 것들이 원래의 아카샤로 돌아가고 우리들이 인력, 척력, 운동이라 부르고 있는 것들이 원래의 프라나로 천천히 환원된다. 그런 후 이 프라나는 한 동안 잠을 잔다. 그 뒤, 다시 나타나 앞서의 모든 형태를 밖으로 밀어낸다(project. 사출[射出]-역자). 다시 이런 기간이 끝나고 모든 것들이 스러진다. 이렇게 이 창조의 과정은 일어났다가 가라앉는 것이다. 후진과 전진을 반복하는 것이다. 현대과학의 용어를 빌면, 한 시기엔 정적으로 되고 다른 한 시기엔 동적으로 되는 것이다. 한 시기엔 잠재력이 되고 다른 한 시기엔 활력이 된다. 이런 교류가 영원히 계속된다.

하지만 이런 분석은 불완전한 것일 뿐이다. 이 정도는 현대 물리학에 의해서도 밝혀져 있다. 이것보다 더 높은 차원의 것은 물리학이 미치지 못한다. 그렇다고 해서 탐구가 멈추는 것은 아니다. 우리는 어느 것 하나를 앎으로써 모든 것을 알 수 있는 그 어느 것을 아직 발견하지 못했다. 우리는 우주를 두 개의 구성 요소로 귀착시켰다. 물질과 에너지가 그것이다. 인도 고대 철학자들이 아카샤와 프라나로 불렀던 것들이다. 그 다음 단계는 이 아카샤와 프라나를 그것들의 근원으로 귀착시키는 일이다. 둘은 마음이라 불리는 보다 높은 실체로 환원될 수 있다. 둘은 우주적으로 존재하는, 생각의 힘인 마하트[Mahat], 다시

143

말해 마음에서 나온 것들이다. 생각은, 아카샤나 프라나보다 더욱 미묘하고 섬세한, 존재를 드러내는 현현이다. 물질이나 에너지는 생각이 스스로를 갈라내어 만들어진 것들이다. 시작 시에 있었던 우주적 생각이 현현되고 변화하고 스스로 진화하여, 아카샤와 프라나라는 두 개가 되었다. 이 두 개의 조합으로 하여 전체 우주가 만들어져 왔다.

그 다음으로는 심리학이다. 나는 지금 당신을 보고 있다. 외부 감각들은 눈을 통해 내게 온다. 외부 감각들은 감각신경을 통해 뇌로 전달된다. 눈은 시각기관이 아니다. 외부 도구에 불과할 뿐이다. 왜냐하면 감각을 뇌에 전달하는 진짜 시각기관이 망가지면 스무 개의 눈을 가지고 있더라도 나는 당신들을 볼 수가 없기 때문이다. 비록 망막에 비치는 그림이 완전한 것이라 할지라도 보지 못할 것이다. 그러므로 시각기관은 시각 도구와는 다른 것이다. 시각 도구인 눈의 뒤 단계에 시각기관이 반드시 있어야 하는 이유이다. 다른 감각들도 모두 마찬가지다. 코는 후각이 아니라 그것의 도구일 뿐이다. 그것 뒤에 후각기관이 있다. 육신의 신체 안에 외부 감각 도구가 있고 그 뒤 같은 신체 안에 감각기관이 있다. 하지만 이것으로도 충분하지 않다. 내가 당신에게 말을 하고 있고 주의를 기울여 그 말을 듣는다고 하자. 이때 종이 울린다고 하자. 아마 당신은 그 종소리를 듣지 못할 것이다. 그 소리의 파동은 당신 귀에 닿아 고막을 때렸을 것이다. 그 영향은 신경을 통해 뇌로 전달된다. 외부의 소리 자극이 뇌에 전달되는 전 과정이 완성되었는데도 왜 당신은 듣지 못할까? 다른 어떤 것이 부족한 것이다. 마음이 내부기관에 동반되지 못한 것이다. 마음이 내부기관으로부터 떨어져 있을 때는, 내부기관이 새로운 자극을 갖다준다 해도 마음은 그것을 받지 못한다. 마음이 기관에 붙어 있을 때에만 마음은 새로운 소식을 받을 수 있다. 이것만으로 모든 것이 충족되는 것도 아니다. 감각도구가 밖으로부터의 감각을 가져와 기관이 내부로 운반하고 마음이 그 기관에 붙어 있다 하더라도 인지가 완성되는 것은 아니다. 또 다른 요소가 필요하다. 내부에서의 반응이 있어야 한다. 이 반응과 함께 지식이 오는 것이다. 외부에 있는 것이 새로운 소식의 흐름을 내 뇌에 보낸다. 내 마음이 그것을 취하여 지성[intellect](산스크리트어로 buddhi. 아트만을 덮고 있는, 행복, 지성, 마음, 프라나, 몸의 다섯 덮개에서 마음보다 더 안쪽에 아트만에 가깝게 위치하는 덮개에 해당, 이것에 의해 아트만은 행위와 경험의 주체가 되는 개인으로서의 영혼[jiva]이라는 환영적이고 거래적인 모습[transactional atman]을 나툰다. 절대적[absolute] 아트만과 혼동을 일으키기 쉽다. 비기아나마야코샤[vijnanamayakosha]에 해당된다.–역자)에 제시한다. 그러면 지성은 먼저 들어왔던 인상들에 연관시켜 그것을 갈래짓고 하나의 반응 동향을 내보낸다. 이 반응과 함께 인지가 일어난다. 이제 이것이 의사[will, 意思]인 것이다. 이 반응하는 마음 상태를 일러 부디[Buddhi](지성)라 한다. 하지만 이것 역시 끝이 아니다. 한 단계가 더 남았다. 카메라와 필름원판이 있다 하자. 그 원판에 어떤 장면을 담고자 한다. 어떻게 해야 할까? 빛을 모아 원판에 상이 맺히게 해야 할 것이다. 상이 그 위에 맺히게 하려면 움직이지 않는 무엇인가가 있어야 할 것이다. 움직이는 것 위에는 상을 맺게 할 수 없다. 필름판은 반드시 정지된 상태여야 한다. 왜냐하면 내가 상을 맺게 할 빛다발은 움직이는 것이고 이 빛다발을 모아서 간추리고 정리하여 정지된 어떤 판 위에 완성된 상태로 만들어야만 할 것이기 때문이다. 감각기관이 운반한 감각들의 경우도 마찬가지다. 이 감각들은 운반되어 마음에 제시되어야 하고 또 이 마음의 것은 마찬가지로 지성에 제시되어야 한다. 이 과정은, 우리의 여러 다른 감각 자극들이 그 위에 통합될 수 있는, 배후의 어떤 영구적인 것이 있지 않으면 완성될 수 없다. 끝없이 변하고 있는 우리 존재 전체에 일체성을 주는 그 무엇은 과연 무엇인가? 순간순간 움직이고 있는 존재에 정체성을 유지해주는 그것은 무엇인가? 그것 위에 모든 감각 자극의 조각들이 다 모이고, 그것 위에 인식이 서로 모여, 자리 잡고, 하나의 통합된 전체를 형성하는, 그것은 과연 무엇인가? 이 목표를 이루기 위해 무엇인가가 있어야 한다는 것을 우리는 발견했고, 그 무엇은 몸이나 마음과 비교할 때, 결코 움직임이 없는 것이어야 함을 알게 되었다. 상을 맺게 할 필름판은 빛다발에 비해 움직임이 없어야만 한다. 그렇지 않으면 상이 맺히지 않는다. 바꾸어 말하면, 인식하는 자는 움직임 없는 단일자여야 한다. 마음이 그 위에 온갖 그림을 그리게 하고, 그 위에 마음과 지성이 운반한 감각들이 자리하고 분류되어 하나의 통합을 이루는 그것, 그것을 일러 우리 영혼이라 부른다.

보편적인 우주 마음이 아카샤와 프라나로 스스로를 쪼갠 것을 우리는 앞에서 보았다. 그리고 그 마음 너머에서 우리 안의 영혼을 보았다. 우주에는 우주 마음 뒤편에 하나의 영혼이 존재하니, 그것을 신이라 부른다. 개인에게는 인간의 영혼이 있다. 자연계에는, 이 우주에는, 우주적 마음이 아카샤와 프라나로 진화되는 것과 마찬가지로, 우주적 영혼이 마음으로 진화하는 것을 볼 수도 있지 않을까? 개개의 인간에게서도 같은 일이 일어날까? 영혼이 마음을 만들고, 마음이 몸을 만들까? 인간의 몸과 마음과 영혼은 세 개의 서로 다른 존재일까? 셋이 하나인 존재일까? 동일한 한 존재의 서로 다른 상태일까? 이 질문에 대한 답을 점진적으로 찾아가게 될 것이다. 지금 갖춘 첫 단계는 이렇다. 이제 이 겉의 몸이 있다. 이 겉몸의 뒤에 마음과 지성이라는 기관이 있다. 그리고 그 뒤에 영혼이 있다. 지금 이 첫 단계에서 발견한 것은 영혼은 몸과 분리된 것이고 마음과도 분리된 것이라는 사실이다. 종교 세계에서는 이 점에서 의견이 나뉜다. 출발점은 바로 이 지점이다. 이원론이라는 이름 아래 있는 모든 견해들은 이 영혼에 속성이 있다고 한다. 즐거움, 쾌락, 고통 등의 모든 느낌들이 영혼에 속한 것이라고 하면서, 영혼에 속성이 있음을, 그 내용과 한계를 가지고 있음을 주장한다. 비이원론자들은 그런 속성을 부정한다. 영혼은 속성이 없다고 한다. (여기서 비베카난다가 사용하고 있는 영혼이라는 단어를 의식[意識 consciousness, awareness, cit, chit, chaitanya, samvid, sakshi]이란 단어로 바꾸어 볼 것을 제안한다.-역자)

우선 이원론자들의 의견을 보자. 영혼과 그 시종에 따른 그것의 위격을 제시하려 한다. 다음으로 이 의견과 반대되는 것을 보고, 마지막으로 비이원론이 제시하는 화합된 의견을 알아보자. 이 인간의 영혼은 마음과 몸에 분리되어 있고, 따라서 아카샤와 프라나로 구성되어 있지 않다. 그러므로 불멸의 것일 수밖에 없다. 어째서? 죽을 운명이란 무엇을 뜻하는가? 해체와 부패를 뜻한다. 그리고 그것은 합성의 결과로 만들어진 것에 한해서만 가능한 일이다. 둘 혹은 셋 등의 구성물로 만들어진 것만이 해체될 수 있다. 합성의 결과물이 아닌 것은 결코 해체될 수 없다. 달리 말해 죽을 수 없다. 불멸인 것이다. 영원히 존재해왔다. 창조된 것이 아니다. 모든 창조된 것들은 합성물이다. 아무것도 없는 것에서 창조된 것은 없다. 창조에 대해 우리가 아는 전부는, 이미 있던 것들이 새로운 모양을 얻은 것이라는 사실뿐이다. 이럴진대 인간의 영혼이란 것은 단일자로서 영구히 있어 왔던 것이어야 한다. 또 영구히 있을 것이다. 몸이 떨어져나가도 영혼은 계속 산다. 베단타학파에 의하면, 몸이

해체될 때 인간의 생명력은 마음으로 돌아가고, 마음은 해체되어 프라나로, 또 그 프라나는 인간의 영혼으로 들어가고, 그 인간의 영혼은 눈에 보이지 않는 미묘한 몸^{subtle body}인 마음체^{mental body}의 옷을 입고 나간다고 한다. 이 마음체에 인간의 삼스카라^{samskara}(마음에 남은 전생에 겪었던 경험들의 미세한 인상, 여러 생의 카르마에 의해 형성된 경향성의 바탕.-역자)가 있다. 삼스카라가 무엇인가? 이 마음은 호수와 같고 모든 생각들은 호수의 물결과 같다. 호수의 물결이 일어나고 스러지고 사라지는 것처럼, 이 생각의 물결도 끊임없이 일어났다 없어지곤 한다. 하지만 영원히 없어지는 것은 아니다. 점점 미세하고 미묘해지지만 거기 그대로 있으면서 언젠가 다시 일어날 때를 준비하고 있다. 이런 미세한 상태의 존재로 가 있던 생각들이 기억에 의해 물결의 형태로 다시 돌아온다. 이런 식으로 우리가 생각했던 모든 것들, 우리가 행했던 모든 일들이 마음속에 저장되어 있다. 눈에 보이지 않는 미세한 형태로 거기 있다. 사람이 죽으면 이런 인상들 전체가 마음속에 있다. 이 인상은 어떤 작은 미세한 매개물에 작용한다. 영혼은 이른바 이 매개물과 미세체의 옷을 입고 빠져나온다. 영혼은 이 서로 다른 인상들이 드러내는 모든 힘들의 결과물에 의해 인도된다.(베단타에 의하면 의식^{cit}을 뜻하는 아트만의 경우, 절대적 아트만과 개별적 아트만으로 나눌 수 있다고 한다. 개별적 아트만은 절대적 아트만이 개별자라는 거울에 반사된 것으로 일종의 거래적 아트만이라 부를 수 있다고 한다. 여기서 말하는, 몸이 죽을 때 옮겨가는 것으로 그려지는 아트만이 개별적 아트만이다. 이것은 인간을 몸, 마음, 의식으로 대별할 때 마음에 속하는 것으로, 마음[마음은 베단타에 의하면 프라나, 마노, 부디buddhi의 세 부분으로 되어 있다.]의 가장 높은 영역인 지성buddhi에 해당한다. 절대적 아트만의 정확한 번역인 의식cit은 몸이 죽는다고 옮겨 다니지 않는다. 의식을 영어 단어 영혼soul이라고 옮긴 데서 일어나는 혼란이다. 번역중에 계속 곤란을 겪었다. 비베카난다도 여기의 혼란에서 자유롭지 않다.-역자)

베단타에 의하면 영혼의 서로 다른 세 가지 목적지가 있다. 아주 영적인 사람들은 죽으면 햇빛을 따라 해의 영역이라 불리는 곳에 이른다. 그곳을 지나 그들은 달의 영역이란 곳에 다시 이른다. 그런 후 번개의 영역이란 곳에 닿는데 그곳에서 이미 축복을 받은 다른 영혼을 만난다. 그 영혼의 안내를 받아 가장 높은 영역인 브라흐마의 영역, 브라흐마로카Brahmaloka로 나아가게 된다. 여기서 영혼들은 전지전능함을 얻게 되고, 신 자신과 거의 마찬가지로 모든 것을 알고 모든 힘을 지니게 된다. 그곳에서 영원히 머물게 된다. 이원론자나 비이원론자에 공히 따르면, 우주순환 주기의 끝에 보편적 실재와 하나가 된다. 다음으로, 좋은 일을 했지만 이기적인 동기를 가지고 했던 사람들의 경우인데, 그들이 죽게 되면 여러 다양한 하늘이 있는 달의 영역으로 가서 신의 몸인 미세체를 얻게 된다. 그들은 신격Gods이 되고 거기서 살며 오랫동안 하늘의 축복을 즐긴다. 이 기

간이 끝나면 오래 전의 카르마가 다시 그들에게 덮쳐 다시 이
곳 땅으로 돌아오게 된다. 대기와 구름 혹은 여러 다른 영역들
을 거친 후, 빗방울을 통해 땅에 닿는다. 땅에 닿아 곡식에 자
신을 부착하고 마침내는 자신에게 새 몸을 줄 수 있을 어떤 사
람에게 먹히게 된다. 마지막의 종류라 할 사악한 사람들의 경
우, 죽으면 유령이나 악마가 되어 달의 영역과 땅 사이의 중
간 지대에서 산다. 사람에게 폐를 끼치거나 혹은 친하게 지내
거나 하면서 한동안 거기 살다가 땅으로 돌아와 짐승들이 된
다. 짐승의 몸으로 한동안 살다가 거기서 놓여나고 다시 돌아
와 인간으로 되며, 그때 다시 구원을 도모하게 된다. 이제 우리
는 거의 완성의 경지에 이른 사람들, 불순물이 아주 조금 남아
있는 사람들의 경우, 햇빛을 통해 브라흐마로카로 가는 것을
알게 되었다. 중간쯤의 수준인 사람들, 하늘에 가려고 좋은 일
을 행한 사람들은 달의 영역에 있는 하늘로 가서 신격의 몸을
받게 되고, 다시 땅으로 돌아와 완전의 경지에 이를 기회를 얻
게 된다. 아주 사악한 사람들은 유령이나 악마가 되고 짐승으
로 태어나야만 하며, 그런 후 다시 인간이 되어 완성에 이를 또
다른 기회를 갖게 된다. 우리가 사는 이 땅을 일러 카르마부미
^{Karma-Bhumi}, 카르마의 영역이라 한다. 여기에서만 사람은 선업과
악업을 지을 수 있다. 사람이 하늘로 가고 싶고 그 목적을 위해
좋은 일을 한다면, 그런 만큼 좋아질 수 있고 악한 업이 쌓이지
않을 수 있다. 땅에서 행한 좋은 일만큼의 결과를 즐길 수 있

고, 그 좋은 업이 다 소진되면, 그 이전에 쌓여진 악업의 힘이 그에게 덮쳐 이 땅으로 다시 오게 된다. 마찬가지로 유령이 된 사람들은 그 상태에 머물면서 새 업을 짓지 않으면서 지난 비행들의 나쁜 결과들로 고통 받는다. 그런 후 당분간 어떤 새로운 업도 짓지 않고 짐승의 몸에 머문다. 그 기간이 끝나면 그들 역시 다시 사람이 된다. 선업과 악업에 기인된 보상과 처벌의 상태에서는, 새로운 업을 지을 힘이 결여되어 있다. 단지 보상을 즐기고 처벌을 괴로워할 뿐이다. 아주 특별나게 선한 업이나 악한 업이 있을 경우, 그 열매가 빨리 맺힌다. 예를 들어 일생 내내 나쁜 일을 많이 하고 좋은 일을 한 경우가 하나만 있을 경우, 그 좋은 일의 결과는 곧바로 나타난다. 하지만 그 결과가 지나가면, 모든 나쁜 일들의 결과들이 반드시 나타나게 마련이다. 어떤 선하고 대단한 일들을 했지만 전체적 삶의 경향이 옳지 않았던 사람들의 경우, 신격이 된다. 한동안 이 신격의 상태로 살면서 신의 힘을 즐긴 후, 다시 인간이 된다. 선행의 힘이 소진되었을 때, 예의 악행이 해결되기 위해 나타난다. 특별히 나쁜 일들을 한 사람들은 유령이나 악마의 몸을 받는다. 악행의 효과가 소진되었을 때, 남아 있던 작은 선행에 의해 다시 사람으로 된다. 더 이상 추락하거나 돌아오지 않을 브라흐마로카에로의 길을 일러 데바야나^{Devayana}-신에로의 길이라 한다. 하늘로의 길은 피트리야나^{Pitriyana}-조상들에로의 길로 알려져 있다.

따라서 베단타 철학에 의하면, 인간이야말로 우주 안에서 가장 위대한 존재이며, 일을 할 수 있는 이 세상이야말로 우주 안에서 최고의 장소이다. 왜냐하면 오직 여기에서만 인간으로 하여금 완성에 도달할 수 있는 최고 최선의 기회가 주어지기 때문이다. 천사들이든 신격들이든, 무엇으로 부르든 간에, 그들이 완성을 이루기 위해서는 인간이 되어야만 한다. 이 인간으로서의 생이야말로 위대한 중심, 놀라운 위치, 멋진 기회인 것이다.

이제 우리는 조금 다른 철학도 만나게 된다. 불교도들의 그것이다. 그들은 이제까지 내가 제시해온 영혼(아트만-역자) 이론의 전체를 부정한다. "이 몸과 마음의 실체로서 또 배경으로서 무엇인가 있다는 것을 가정하는 것이, 대체 무슨 쓸데가 있는가?"라고 말한다. "생각이 계속 작동하는 것을 왜 허락하지 않는가? 왜 몸과 마음으로 된 이 생체 너머 제3의 토대를 받아들여야 하는가? 그것의 용도는 무엇인가? 이 생체는 이것 자체로 설명될 수 없는가? 제3의 어떤 것을 왜 새로 받아들이려 하는가?" 이런 주장들은 아주 강력하다. 그 논리는 아주 강하다. 철학 외부의 연구가 진전됨에 따라, 이 생체는 그것 자체로 충분히 설명이 가능하다. 적어도 우리 중 많은 사람들은 이런 견지에서 사안을 보고 있다. 그럴진대 하부구조로서의 영혼이 따로 있어야 할 필요가 있는가? 마음과 몸이 아닌 어떤 것, 마음과 몸을 위한 배후로서의 어떤 다른 것이 있어야 할 필요가 있는가? 마음과 몸만 있게 하라. 몸은 끊임없이 변하는 물질의 흐름에 붙인 이름이다. 마음은 끊임없이 변하는 의식이나 생각의 흐름에 붙인 이름이다. 이 둘은 하나인가? 이 둘은 일체인가? 아니면 이 둘을 일체처럼 보이게 만드는 것이 있는가? 그것이 무엇인가? 하지만 그 일체는 글쎄? 실제로는 없다. 예를 들어 불이 붙은 횃불을 당신 앞에서 빨리 돌린다고 하자. 불의 고리가 나타날 것이다. 고리는 실제로 있지 않지만 횃불이 빨리 돌기 때문에 그런 것처럼 보이는 것이다. 이 생에서 일체는 없다. 끝없이 내달리는 물질 덩어리다. 그리고 이 물질 전체를 일러 하나의 일체라 부르는 것이다. 더 이상은 아니다. 마음도 마찬가지다. 한 생각은 다른 모든 생각과 분리되어 있다. 세차게 흐르는 흐름 때문에 일체라는 착각을 남기는 것이다. 제3의 실체는 필요치 않다. 이 몸과 마음의 우주적 현상만이 실제로 있는 것의 전부다. 그 뒤에 다른 무엇을 두지 말라. 이것이 불교의 생각이다. 이런 불교적 생각은 현대의 어떤 종파나 학파들로부터 받아들여지고 있다. 그 종파나 학파들은 모두 자신들의 고유한 새로운 발견이라고 주창한다. 하지만 그것들은 대부분이 불교철학의 중심 사상들-이 세계는 그것 자체로 충분하고, 다른 어떤 배경 실체를 전혀 필요로 하지 않으며, 존재하는 모두는 이 감각 세계가 전부이며, 이 우주를 받치는 것으로서의 다른 어떤 것이 왜 소용되는가의 반문-로 예전부터 이어지고 있었던 것들이다. 모든 사물은 속성들이 뭉쳐진 것이다. 그것들이 그 안에 자리 잡아야 할 가상적 실체가 왜 있어야 하는 가? 실체에 대한 생각은, 사물들의 뒤에 존재하는 어떤 불변의 것이 있다는 견해로부터가 아니라, 속성들이 서로 빠르게 상호 교환 한다는 견해에서 나온다. 이런 주장은 아주 빼어난 주장들이다. 아울러 인간의 보통의 경험에 쉽게 호소한다. 실상 백만 명 중의 한 사람도 드러난 현상 외의 다른 것을 생각할 수가 없다. 인류의 거의 대다수에게, 자연이란, 단지 변화하고, 휘돌고, 합해지는, 뒤죽박죽의 변화의 덩어리로서 드러난다. 뒤에 자리하고 있는 고요한 바다를 한 번이라도 본 사람은 거의 없다. 우리에게 바다는 언제나 파도로 몰아치고 있는 것이다. 이 우주는 우리에게 솟구치는 파도 덩이로만 나타난다. 우리는 두 개의 견해와 만나고 있다. 변하지 않고 움직이지 않는 실체로서의 무엇인가가 몸과 마음의 뒤에 있다는 견해가 그 하나다. 이에 비해, 움직이지 않고 변하지 않는 것은 이 우주에 없다는, 모든 것은 변하고 변한다는 견해가 다른 하나이다. 이 두 견해의 다름에 대한 해결책이 다음 단계의 사고로 이어진다. 그것이 비이원론(non-dualistic, 아드바이타-역자)이다.

모든 것들의 뒤에 움직이지 않는 배경으로서의 무언가를 찾는 것에서의 이원론자들의 태도는 옳았다고 생각된다. 우리는 변하지 않는 무언가가 있지 않고는 변화를 알 수도 생각할 수도 없다. 보다 덜 변하는 어떤 것을 알아야만 변화하는 어떤 것을 알 수 있다. 그리고 이 덜 변하는 것도 그보다 더 덜 변하는 것과 비교하면 더 변한다는 것을 알 수 있다. 이런 식으로 점점 더 진행하면 결코 전혀 변하지 않는 어떤 것이 있어야 한다는 사실을 받아들일 수밖에 없게 된다. 드러난 이 모든 것들은 드러나지 않는 어떤 상태, 안정되고 고요한, 서로 반대되는 힘의 균형이 유지된, 다시 말해 힘이 작동되지 않는 상태가 반드시 있어야 한다. 힘은 평형이 깨진 상태에서 작용하기 때문이다. 우주는 평형 상태로 복귀하려고 늘 서두른다. 어떤 다른 사실에 대해 인정한다면 이 사실 또한 인정할 수밖에 없다. 변하지 않는 무언가가 있다는 이원론자들의 주장은 완벽하게 옳다. 하지만 그 무엇인가가 몸과 마음 둘 다 아닌, 그들 둘과 분리된 어떤 다른 것이라는 분석은 맞지 않다. 우주 전체가 변화의 덩어리라는 불교도들의 말은 전적으로 옳다. 내가 우주와 분리되어 있고, 내가 뒤로 물러서 내 앞에 있는 어떤 것을 보고 있는 한, 두 개의 것-보는 자와 보이는 것-이 있는 한, 우주는 변화하는 것이고 언제나 늘 변하는 것이다. 하지만 실상은, 이 우주 안에 변화와 변치 않음이 함께 있다. 영혼과 마음과 몸은 서로 분리된 세 개의 존재들이 아니다. 이 셋으로 만들어진 이 생체는 실제로 하나이기 때문이다. 어떤 동일한 것이 몸으로, 마음으로, 몸과 마음 너머의 것으로 나타난다[드러난다^{appear}]. 하지만 같은 시간에 동시에 다 나타나는 것은 아니다. 몸을 보는 사람에겐 마음이 보이지 않는다. 마음을 보는 사람에게는 이른

바 영혼이 보이지 않는다. 영혼을 보는 사람에게는 몸과 마음이 사라져 있는 상태다. 단지 움직임만 보는 사람에게는 절대적 고요가 결코 보이지 않는다. 절대적 고요를 보는 사람에게는 움직임은 사라지고 안 보인다. 밧줄이 뱀으로 보인다. 밧줄을 뱀으로 잘못 생각한다. 밧줄을 뱀으로 보는 사람에게는 밧줄이 사라진다. 그런 후 착각이 멈춘 다음에 밧줄을 보면 뱀은 사라져 있다.

하지만 언제나 누구에게나 받아들여지는 존재는 하나뿐이다. 그 하나가 여럿으로 나타나는(보이는) 것이다. 이 자기^{Self}, 영혼^{Soul}, 실체^{Substance}가 우주에 존재하는 모든 것이다. 그 자기, 실체, 영혼은 비이원론의 용어로 브라흐만^{Brahman}인데, 이름과 모양의 개입에 의해 여러 다양한 것으로 나타난다. 바다 안에 있는 파도들을 보자. 단 하나의 파도도 바다와 따로 다르지 않다. 그런데 무엇이 파도를 다르게 보이게 하는가? 이름과 모양이다. 파도의 모양과 그것에다 우리가 붙여준 이름인 '파도'이다. 이것들이 파도를 바다와 다르게 만들었다. 이름과 모양이 없어져버리면 다 같은 바다이다. 파도와 바다를 실제로 다르게 만들 수 있는 사람이 있을까? 이 전체 우주는 한덩어리로서의 존재다. 이름과 모양이 이 모든 다양한 차별을 만들어냈다. 수많은 물방울에 해가 비치면 그 저마다의 물방울에 완벽한 해가 나타나듯이, 우주의 하나의 영혼, 하나의 자기, 하나의 존재가 다양한 모양과 이름의 수많은 물방울에 반사되어 드러난다. 하지만 실제로 그것은 오직 하나이다. '나'도 '너'도 없고 오로지 하나이다. 모든 '나'와 모든 '너'이기도 한 것이다. 머리 둘 달린 송아지로 비유되는 이 이원론의 생각은 전적으로 잘못된 지식에 의한 결과이다. 진정한 식별력, 바른 안목이 열리면, 둘이 아닌 하나임을 알게 된다. 자기 자신이 우주임을 알게 되는 것이다. "끊임없이 변하는 이 덩어리로서의, 지금 존재하는 이 우주가 나이다. 그 모든 변화 너머에 있는, 모든 속성들 너머에 있는, 영원히 완전한, 영원히 행복한 존재가 나이다."

그러므로 영원히 순수하고, 영원히 완전한, 변할 수 없는, 변하지 않는, 하나의 아트만, 하나의 자기만이 있다. 결코 변한 적이 없다. 우주의 다양한 모든 변화는 이 하나의 자기 안에서의 외관들일 뿐이다.

그 위에 이름과 모양이 이 온갖 꿈들을 그리는 것이다. 파도를 바다와 다르게 만드는 것은 모양이다. 파도가 스러지면 모양은 남는가? 아니지, 그것도 사라지는 것이지. 파도라는 존재는 바다라는 존재에 전적으로 의존하지만 바다라는 존재는 파도라는 존재에 전혀 의존하지 않는다. 모양은 파도가 있는 동안만 있지만 파도가 스러져버리면 그것 역시 있을 수 없다. 이 이름과 모양은 마야^{Maya}라 불리는 것의 소산이다. 개개의 것을 만드는 것, 하나를 다른 것과 다르게 나타나게 만드는 것이 마야다. 하지만 마야는 존재를 갖지 않는다. 존재한다고 말할 수도 없다. 모양은 다른 것의 존재에 의존하므로 그것 자체로 존재한다고 말할 수 없다. 존재하지 않는다고 말할 수도 없다. 왜냐하면 이 모든 차별을 만들어내고 있으므로. 아드바이타[비이원론] 철학에 의하면 이 마야, 혹은 무지 −혹은, 이름과 모양, 혹은 유럽에서 '시간, 공간, 인과성'이라 말하는−는 우주의 다중성을 보여주기 위해 이 하나의 존재로부터 나왔다. 핵심적으로 말해 이 우주는 하나다. 궁극의 실체가 둘이라는 생각을 하는 사람은 잘못을 범하고 있는 것이다. 하나밖에 없다는 것을 알게 된 사람은 옳다. 이 사실은 육체적 심적 영적 차원에서 우리에게 매일 증명되고 있다. 당신들과 나(외관으로서의), 해, 달, 별들이 동일한 물질바다 안의 다른 장소들에 있는, 다른 이름들일 뿐임이 입증되고 있다. 이 물질들은 그 모양을 끊임없이 변화시키고 있다. 수개월 전에 해에 있던 에너지 입자가 오늘은 인간 안에 있기도 할 것이다. 내일은 한 동물 안에, 또 그 다음 날은 한 식물 안에 있을 수도 있을 것이다. 늘 왔다가 간다. 하나의 무궁한 물질덩이, 깨지지 않은 물질덩이가 이름과 모양에 따라 단지 분화한 것이다. 각각의 점들이 해, 달, 별들, 사람, 동물, 식물 등으로 불리는 것이다. 이 모든 이름들은 허구다. 실체가 없다. 전체가 끝없이 바뀌는 물질들의 덩어리이기 때문이다. 이 우주는 또 다른 관점에서 보면 생각의 바다라고도 할 수 있다. 거기서는 우리들 각자가 각각 별도의 마음이다. 당신은 하나의 마음, 나는 하나의 마음, 모두가 하나의 마음들이다. 또 우리 눈이 착각에서 벗어나 깨끗해지고 마음이 순수해지면, 예의 동일한 우주를 바른 지식의 관점에서 보면, 늘 순전하고 변함없는 불멸의 깨지지 않은 절대 존재로 드러난다.

이제 그렇다면 이원론자들이 말하는 그 세 가지의 종말론은 어떻게 되는 건가? 사람이 죽어서 하늘로 가고, 또 이런저런 영역으로 가고, 나쁜 사람들은 유령이 되며 동물이 된다는 등등의 죽음 후의 일들 말이다. 비이원론에서는 오는 자도 가는 자도 없다고 말한다. 어떻게 오고갈 수 있는가? 무한한데, 어디로 갈 곳이 있는가? 어떤 학교에서 아이들에게 시험을 치렀다. 시험관 선생은 우습게도 어린 아이들에게 온갖 어려운 문제를 냈다. 그중에 이런 문제가 있었다. "왜 지구는 떨어지지 않을까?" 그 선생은 아이들로부터, 중력 혹은 다른 복잡한 과학적 진리를 끌어내리려는 생각이었던 것 같다. 대부분의 아이들이 질문을 이해조차 하지 못했고 여러 가지 엉터리 대답들을 했다. 하지만 한 여자 아이가 다음과 같이 되물으면서 대답을 대신했다. "떨어진다면 어디로 떨어진단 말인가요?" 선생의 질문 자체가 우선 말이 안 되는 것이었다. 우주에는 위나 아래가 없다. 그런 생각은 상대적인 것일 뿐이다. 영혼에 관해서도 마찬가지다. 영혼이 태어나고 죽는다는 것은 정말 말도 안 된다. 누가 가고 누가 온단 말인가? 네가 없는 곳이 어딘가? 네가 이미 있지 않은 하늘이 어디 있는가? 인간의 자기는 편재다. 가지 않는 곳이 어디인가? 모든 곳에 있다. 따라서 태어남과 죽음, 낮은 하늘과 높은 하늘, 낮은 세상 같은 유치한 꿈과 미숙한 착각들은 모두 완벽하게 바로 없어져버린다. 브라흐마로카의 몇 장면들을 보여주면 거의 완벽하게 그런 생각들은 사라져버린다. 하지만 무지한 이들에게는 계속된다.

온 세상이 믿고 있는 바, 하늘로 가고 죽고 태어나는 사실은 어떻게 된 걸까? 책 한 권을 공부할 때, 페이지마다 읽고 넘긴다. 다음 페이지가 나타나고 또 넘긴다. 무엇이 변하는 것인가? 무엇이 오고 무엇이 가는가? 내가 아니고 책이다. 이 세상 전체는 영혼 앞의 한 권의 책이다. 각장 각장은 읽히고 넘겨진다. 그리고 그때마다 새로운 장면이 열린다. 그것들은 읽히고 또 넘겨진다. 새로운 것이 오지만 영혼은 늘 그대로다. 영원하다. 변하는 것은 세상이지 사람의 영혼이 아니다. 그것은 결코 변하지 않는다. 태어나고 죽는 것은 세상에 속한 것이지 네게 속한 것이 아니다. 하지만 무지한 사람은 속는다. 지구가 아니라 태양이 움직인다고 생각하는 것처럼, 꼭 마찬가지로, 착각에 빠지면 세상이 죽는 것이 아니라 우리가 죽는다고 생각하는 것이다. 그러니 이 모든 것이 환각이다. 기차가 움직이는 것이 아니라 땅이 움직인다고 생각하는 것이 환각인 것처럼, 태어남과 죽음에의 환각도 마찬가지다. 사람들이 어떤 특정한 심적 프레임에 있을 때, 지구, 태양, 달, 별들이라는 특정한 존재를 본다. 같은 심적 상태에 있는 사람들 모두가 같은 사물들을 본다. 당신들과 나 사이에는, 서로 다른 존재의 차원들에 있는 헤아릴 수 없이 많은 존재들이 있다. 그들은 우리를 보지 못하고, 우리도 그들을 보지 못한다. 우리와 동일한 마음 상태와 우리와 같은 차원에 있는 이들만 우리는 본다. 이를테면 동일한 주파수로 조율된 악기들만이 반응한다. '인간 주파수'라고 불리는 것이 바뀐다면, 인간은 보이지 않게 될 것이다. '인간계'$^{man-universe}$ 전체가 사라질 것이다. 대신에 다른 광경들이 우리 앞에 나타날 것이다. 신과 신계神界, 혹은 사악한 사람에게는 악마와 악마계가 나타날 것이다. 하지만 이 모든 것은 한 우주에 대한 다른 관점일 뿐이다. 인류라는 차원에서 이 우주를 보면, 지구, 태양, 달, 별들 혹은 그와 같은 모든 것들로 보이고, 사악함이라는 차원에서 보면 그 꼭 같은 우주가 처벌의 자리로 보인다. 또한 하늘로 보고자 하는 사람들에게는 그 우주가 하늘로 보인다. 죽어서, 옥좌에 앉은 신에게로 가서 세세토록 그 앞에 서서 찬양하는 모습을 꿈꾸던 사람들은 그들 마음에 지니고 있던 환상을 본다. 이 우주가, 옥좌에 앉은 신 주위를 날개를 단 온갖 천사들이 날아다니는, 그저 광대한 하늘로 변한다. 사람들이 스스로 만든 하늘들이다. 비이원론자들은 이원론자들의 이런 말들이 다 사실이라고 받아들여준다. 하지만 그것들은 모두 스스로

가 만든 것들이다. 이런 영역들, 악마들, 신들, 환생, 윤회 모두가 신화다. 이 인간으로서의 생도 역시 신화다. 인간들이 언제나 하는 커다란 잘못은 이 생만은 진짜라고 하는 생각이다. 앞의 다른 여러 가지가 신화로 불리는 것은 잘 이해하지만, 그들 자신의 생이 신화라는 것은 결코 받아들이려 하지 않는다. 이 생을 포함하여, 모든 것 전체가 그저 신화일 뿐이다. 그리고 모든 거짓말 중에서 가장 큰 것은 우리가 몸이라는 거짓말이다. 우리는 그랬던 적도, 앞으로 그럴 수도 없다. 우리가 단지 인간이라는 것보다 더 큰 거짓말은 없다. 우리는 우주의 신이다. 신을 예배하면서 우리는 늘 우리 자신의 감추어진 자기를 예배해왔다. 늘 자신에게 해왔던, 죄인이나 악한 인간으로 태어났다는 말이 가장 큰 거짓말이다. 다른 사람에게서 죄인을 보는 사람만이 죄인이다. 아기 하나가 여기 있다고 하자. 그리고 테이블 위에 금이 가득 든 가방이 하나 있다 하자. 도둑이 들어 그 가방을 훔쳐갔다고 하자. 아기에게는 아무 일도 없다. 아기의 안에도 밖에도 도둑은 없으니까. 죄인이나 나쁜 사람에게는 바깥에 사악함이 있다. 그러나 착한 사람에게는 없다. 사악한 사람은 이 우주를 지옥으로 본다. 하지만 그나마 조금이라도 선한 사람은 하늘로 본다. 완전한 존재들은 신 그 자체로 본다. 신 자체로 볼 그때에만, 눈에서 장막이 떨어져 나가고 순수하게 정화된다. 그 사람에게 그의 모든 시각은 변화된다. 수백만 년 동안 그를 괴롭혀온 나쁜 꿈들이 모두 사라지고, 자신을 사람으로, 신으로, 혹은 악마로 생각해오던, 자신을 낮은 곳, 높은 곳, 땅 위, 하늘 등에 사는 자로 생각해오던 그 사람이 실상은 어디에나 다 있는 자임을 발견한다. 모든 시간이 자기 안에 있고 자신이 시간 안에 있지 않음을 발견한다. 모든 하늘이 자기 안에 있고 어떤 하늘에도 자신이 있지 않음을 발견한다. 인간이 경배하던 모든 신들이 모두 자기 안에 있고, 자신이 그 신들 중의 어느 하나 안에도 있지 않음을 발견한다. 자신이 신들과 악마들, 인간들, 식물들, 동물들, 바위들을 만들어낸 이이고, 자신의 진정한 본성이 하늘보다 높고 이 우주보다 더 완전하며, 무한한 시간보다 더 무한하며, 편재한 에테르보다 더욱 편재한 것임이 자신 앞에 펼쳐져 드러나게 된다. 이런 때에 이르러서, 비로소 이럴 때라야만, 인간은 두려움을 모르게 되고 자유롭게 된다. 그리하여 모든 착각이 그치고, 모든 비참함이 사라지며, 모든 공포가 영원히 끝이 난다. 태어남도 가버리고 죽음도 가버린다. 고통도 날아가버리고 즐거움도 날아가버린다. 땅도 사라지고 하늘도 사라진다. 몸도 사라지고 마음 역시 사라진다. 그 사람에게는 말 그대로 이 전체 우주가 사라진다. 찾고 움직이고 힘이 서로 부딪쳐 일어나는 갈등은 영원히 그친다. 힘과 물질, 우주의 갈등, 세상 그 자체, 하늘, 땅, 동물, 인간, 천사들로 나타나던 그 모든 것들이 하나의 영원하고 깨지지 않고 변하지 않는 존재로 전환되고, 그것을 알게 된 사람은 자신과 그 존재가 하나인 것을 발견하게 된다. "휘황한 색깔들의 구름이 하늘을 가리더라도 한순간만 거기 있지, 그런 후에는 사라져 없어진다." 이와 마찬가지로 이 영혼 앞에는 땅과 하늘, 달과 신들, 즐거움과 고통 등의 온갖 환영들이 오지만, 영원하고 푸르고 변하지 않는 한 하늘만 남기고 그 모두가 사라져간다. 하늘은 결코 변하지 않는다. 변하는 것은 구름이다. 하늘이 변한다는 생각은 잘못이다. 우리가 더럽고, 한정되어 있고, 나누어져 있다는 생각은 잘못이다. 진짜 인간은 한덩어리로서의 존재이다.

이제 두 개의 물음이 떠오른다. 첫 질문은 이렇다. "정말 이것이 맞는 것인지를 확인할 수 있는가? 교의나 철학이라면 좋다. 하지만 정말 실현될 수 있는 사실인가? 그리고 그 내용이 맞는 것인지를 확인할 수 있는가?" 확인할 수 있다. 착각과 망상이 완전하고 영구히 사라진 사람들이 이 세상에 여전히 생존해 있다는 것을 답으로 제시할 수 있다. 그런 실현이 일어나면 그 사람들은 바로 죽는 것인가?(그 사람은 몸이 아니므로 몸으로의 삶이 끝나므로.-역자) 당연히 바로 죽어야 한다는 우리의 생각과는 달리 그렇게 빨리 죽지는 않는다. 두 개의 바퀴가 하나의 굴대로 연결되어 있다. 한 바퀴를 움직이지 못하게 붙들고 도끼로 축을 잘라낸다 해도, 붙든 그 한 바퀴는 멈추되, 다른 한 바퀴는 조금 전까지의 구르던 힘에 의해 조금 더 굴러가다가 내려앉는다. 순수하고 완전한 존재로서의 영혼이 한 바퀴라면,

몸과 마음이라는 외부의 환각은 다른 바퀴다. 이것들은 업^{karma}의 축에 의해 서로 연결되어 있다. 이 둘을 연결하는 축을 자르는 도끼가 지식이다. 그리하여 영혼의 바퀴는 멈춘다. 오고감, 삶과 죽음에의 생각을 멈춘다. 자신이 세상이라는 생각, 요구와 바람이 있다는 생각을 멈춘다. 그리고 자신이 완전하고 바라는 것이 없다는 것을 알게 된다. 하지만 몸과 마음의 다른 바퀴에는 전의 행위들에 의한 탄력이 남아 있게 된다. 따라서 조금 더 살게 된다. 지난 업의 힘이 소진될 때까지. 그 힘이 소진되면, 몸과 마음이 떨어져나가고 영혼은 자유를 찾게 된다. 하늘로 갈 것도 없고 다시 돌아올 것도 없다. 브라흐마로카로 가는 것도, 또 어떤 높은 영역으로 가는 것도 없다. 영혼이 어디로부터 올 것이며 또 어디로 갈 것인가? 이생에서 이런 상태에 도달한 사람은, 적어도 단 일 분 동안이라도, 세상에 대한 통상적인 시각이 변하여 실재가 분명히 드러난다. 이런 사람을 "살아있는 동안에 자유로워진 사람"(Jivan Mukta-역자)이라 부른다. 살아있는 동안에 자유를 얻는 것, 이것이 베단타교인들의 목표다.

나는 한때, 인도 서부 지방을 여행하면서 인도양에 접한 해안 지방의 사막 마을을 다닌 적이 있다. 여러 날 동안, 맨발로 사막을 지나다녔다. 하지만 놀랍게도 매일 매일 눈에 비치는 것은 아름다운 호수와 그 주변의 나무와 숲들이었고, 그 숲들이 호수에 거꾸로 비치어 가만히 떨고 있는 모습들이었다. "이얼마나 좋은 풍광인가? 사람들이 이곳을 사막 마을로 부르고 있는 것은 또 왠가?" 나는 속으로 이렇게 말했다. 근 한 달 동안을 이런 놀라운 호수와 숲들을 보면서 여행했다. 그러던 어느 날, 아주 목이 말라 물을 마시고 싶어 그 호수들 중의 하나에 가까이 갔다. 호수가 사라져버렸다. 번개같이 든 생각은 "내가 그 오랜 동안 전해 들었던 신기루가 바로 이것이구나"였다. 그리고 그 한 달 동안, 매일같이 본 것이 신기루였는데, 나는 그것을 모르고 있었구나라는 생각이 바로 들었다. 다음 날 아침 나는 다시 여행을 재개했다. 호수는 다시 나타났지만 그와 동시에 그것이 신기루일 뿐 진짜 호수가 아니라는 생각이 함께 들었다. 이 우주도 마찬가지다. 우리 모두는 매일 매일 이 신기루의 세계를 여행하고 있다. 그것이 신기루인 줄 모른 채로. 어느 날, 신기루가 깨진다. 하지만 다시 찾아온다. 이 몸은 과거의 업의 영향 아래 있어야 하기 때문에 신기루가 다시 돌아오는 것이다. 이 세계는 우리가 업에 잡혀 있는 한 다시 돌아온다. 남자, 여자, 동물, 식물, 우리의 집착과 의무, 그 모든 것들이 다시 돌아온다. 하지만 똑같은 힘으로 오는 것은 아니다. 새 지식의 영향에 의해 카르마의 힘은 부서지고 그것의 독은 힘을 잃는다. 그 지식과 함께 그 지식의 내용을 이제 앎으로써 전변이 일어나고, 실재와 신기루 사이의 분명한 차별을 알게 된다.

그럴 때, 이 세계는 이전의 것과 같지 않게 된다. 하지만 여기엔 하나의 위험이 도사리고 있다. 모든 나라의 사람들이 이 철학을 받아들이고서 다음처럼 말한다. "나는 이제 선과 악을 넘어서 있다. 더 이상 도덕법에 매이지 않는다. 하고 싶은 것은 다 할 수 있다." 이 나라에서도 이런 우매한 사람들을 지금도 볼 수 있다. "나는 속박이 없다. 나는 신 자체다. 내 마음대로 하게 하라." 비록 영혼이 법이나 물질, 마음이나 도덕 등 모든 것 넘어 있다 해도 이런 태도는 옳지 않다. 법 안에 있으면 속박이다. 법을 넘어 있으면 자유다. 하지만 자유가 영혼의 본성이며 원래부터의 것이며, 영혼의 그 진정한 자유가, 드러나는 하나의 형태로, 물질의 장막을 통해 인간의 자유라는 이름으로 빛나는 것이라고도 말할 수 있다. 인간은 삶의 모든 순간에 자유인 것을 느낀다. 우리가 자유인 것을 느끼지 못하면 살수도, 말할 수도, 숨 쉴 수도 없다. 하지만 동시에 조금만 생각해보면, 이런 경우 우리가 마치 기계 같아 보이고 자유롭지 않아 보이기도 한다. 그렇다면 무엇이 진실일까? 이 자유라는 생각은 망상일까? 이 자유라는 생각이 망상이라고 주장하는 학파가 있다. 속박이 망상이라 주장하는 다른 학파도 있다. 무슨 말일까? 인간은 진짜로 자유롭다. 진짜 인간은 자유로울 수밖에 없다. 그 인간이 이름과 모양의 세계, 마야의 세계로 들어올때, 속박되는 것이다. 자유의지란 잘못된 단어다. 의지는 결코 자유로울 수 없다. 어떻게 자유로울 수 있단 말인가? 어떤 사람의 의지가 실존하려면 그 사람이 속박되고 난 뒤라야 한다. 그 전에는 안 된다. 인간의 의지는 속박되어 있다. 하지만 그 의지의 근원은 영원히 자유롭다. 따라서 인생이건 신의 삶이건, 땅에서든 하늘에서든, 그 어떤 경우의 속박의 상태에 있다 하더라도, 천부의 것으로서의 우리 것인 자유에 대한 기억이 우리에게 여전히 남아 있는 것이다. 그리고 의식적으로든 무의식적으로든, 우리 모두는 그것을 향해 애쓰고 있는 것이다. 어떤 사람이 스스로의 자유를 이미 얻어 가지고 있다면, 어떤 법이 있어 그를 속박할 수 있겠는가? 이 우주의 어떤 법도 그를 속박할 수 없다. 이 우주 자체가 그의 것이므로.

그는 우주 전체이다. 그가 전체 우주라고 말할 수도, 그에게는 아무 우주도 없다고도 말할 수도 있다. 그럴진대, 성이나 나라 같은 것들이 이 모든 작은 생각들을 가질 수 있겠는가? 내가 남자요, 내가 여자요, 내가 아이요라는 말을 할 수 있겠는가? 거짓말들 아닌가? 그는 거짓말인줄 알고 있다. 남자의 권리는 이런 것들이고, 여자의 권리는 저런 것들이란 말을 어떻게 할 수 있겠는가? 아무도 권리를 가지고 있지 않다. 아무도 분리해서 존재하지 않는다. 남자 여자가 없고, 영혼은 성이 없으며 영원히 순전하다. 나는 남자요 여자요라는 말과 내 나라는 이 나라요 저 나라요라는 말은 모두 거짓말이다. 이 세계 전체가 내 나라요, 이 전 우주가 내 것이다. 왜냐하면 그것들로 내 몸을 삼아 옷처럼 걸치고 있기 때문이다. 이런 교의를 주장하면서도 더러운 일을 하는 사람들이 있다. 왜 그러냐고 물으면, 우리더러 착각하고 있다고, 자신들은 틀린 일을 할 수 없다고 말한다. 그들이 심판 받게 될 시험은 과연 무엇인가? 그 시험이란 이런 것이다.

악과 선 모두 영혼 아래 통제를 받고 있는 것이긴 하나, 악은 진짜 인간, 자기의 가장 바깥에 자리하는 피막이다. 이에 비해 선은 그 진짜 자기에 보다 가까이 있는 피막이다. 그래서 악의 켜를 절단하지 않으면 선의 켜에 닿지 못한다. 또한 선악의 켜 모두를 통과하지 못하면 자기에 닿지 못한다. 자기에게 닿은 사람에게 남은 것은 무엇인가? 약간의 업이 남는다. 지난 생의 약간의 업력이 남는다. 하지만 그것은 모두 선한 업력이다. 악한 업력이 모두 해결되고, 지나간 불순함들이 모두 소진되기 전에는 진리를 보고 또 체현할 수 없기 때문이다. 그러므로 자기에게 닿아서 진리를 본 사람에게 남는 것은, 지난 생의 좋은 인상, 선한 업력이다. 몸을 입고 살아도, 쉼 없이 일을 해도, 좋은 일만 한다. 입은 모두에게 득이 되는 말을 한다. 손은 좋은 일만 한다. 마음은 좋은 생각만 한다. 어디를 가든 그의 존재는 축복이 된다. 그 자신 살아있는 축복이다. 그런 사람은 그의 존재만으로 가장 나쁜 악인을 성인으로 변화시킨다. 말하지 않아도 그의 있음 자체가 인류에게 축복이 된다. 그런 사람이 악행을 할까? 그런 사람이 나쁜 일을 할 수 있을까? 기억해야만 한다. 단순히 말만 하는 것과 체현 사이에는 극과 극의 차이가 있다. 어떤 바보라도 말은 할 수 있다. 앵무새도 말은 한다. 말하는 것과 체현하는 것은 다르다. 철학, 교의, 주의, 책, 이론, 교회, 교과, 이런 모든 것들은 그들 말대로라면 좋다. 하지만 실행과 체현에 이르면 모두 무너져 내린다. 예를 들어, 어떤 지도를 보면 그것대로 잘되어 있다. 하지만 실제 그 지역을 둘러보고 그 지도를 다시 보면 얼마나 실제와 차이가 있는가! 진실을 체현한 사람들에게는, 그 진리를 이해하기 위한 논리적 추론이나 지적 체조가 불필요하다. 손으로 만지는 것보다 더 구체적인 그들의 삶이기 때문이다. 베단타의 현인들이 말하는 것처럼 '손 안에 든 과일'과 같아서, 일어나 바로 여기 있다고 말할 수 있는 것이다. 진리를 체현한 사람은 일어나 말할 것이다. "여기, 자기가 있다." 한 일 년 정도 논쟁을 할 수도 있으리라. 하지만 그들은 당신에게 미소만 지을 것이다. 그 논쟁 전부를 아이들의 떠듬거림 정도로 여길 것이다. 아이로 하여금 떠듬거리게 할 것이다. 그들은 진리를 체현했고 그것으로 충분하다. 당신이 어떤 한 나라를 보았다고 하자. 그런데 어떤 사람이 와서 그 나라는 한 번도 있었던 적이 없다고 주장하면서 논쟁을 하려고 한다고 해보자. 그가 끝까지 그 주장을 굽히지 않는다고 하더라도, 그를 향한 당신의 마음가짐은 그가 정신병원에 가야 옳다는 생각일 뿐일 것이다. 그처럼 체현을 한 사람은 "도대체 그 뭇 종교라는 곳에서 떠드는 그 모든 잡담들은 그야말로 수다

일 뿐이다. 종교의 요체는 영혼의 체현이다"라고 말한다. 종교는 체현될 수 있다. 준비되었나? 그걸 원하는가? 원하면 그 체현을 얻을 수 있다. 그때면 진실로 종교적이 될 것이다. 체현을 얻기 전까지는 당신과 무신론자는 다를 것이 없다. 무신론자는 진지한 사람이다. 하지만 종교를 믿는다고 하면서 한 번도 체현하려 하지 않은 사람은 진지하다고 할 수 없다.

그 다음으로 오는 질문은, 체현 다음에는 무엇이 오는가이다. 우주가 하나임을 깨닫고, 우리가 무한한 한 존재임을 깨닫고, 이 자기가 유일한 존재임을 깨닫고, 이 모든 다양한 현상적 형상들로 나타난 것이 동일한 자기임을 깨달았다 하자. 그런 다음에 우리는 어떻게 되는 걸까? 무기력하게 구석으로 가서 앉아 죽어가는 걸까? "그 체현이 세상에 무슨 좋은 일일까?" 오래된 물음이다! 우선, 세상에 무슨 좋은 일이 될까? 그런 체현이 있어야 할 무슨 이유가 있나? "세상에 무슨 좋은 일을 할 수 있나?" 무슨 권리로 이런 질문을 하는가? 대체 그 질문의 뜻은 무엇인가? 아기는 사탕을 좋아한다. 아기에게 전기와 연관된 어떤 설명을 한다고 하자. 아기가 묻는다. "그걸로 사탕을 살 수 있어요?" 당신이 대답한다. "아니." 아기가 말한다. "사탕 살 수 없다면 그게 뭐가 좋아요?" 이제 사람들이 일어서서 말한다. "대체 종교를 공부하고 실행하면 세상에 무슨 좋은 일이 생긴단 말이요? 돈을 가져다주나요?" "아니오." "그러면 거기에 무슨 좋은 것이 있나요?" 사람들이 의미하는 세상에서의 좋은 일이란 그런 것들이다. 하지만 종교적 체험은 세상에 좋은 것 모두를 해준다. 사람들은, 그 체험에 도달하면, 오직 하나만이 있다는 것을 깨닫게 되면, 사랑의 샘이 말라버리고 삶의 모든 것들이 떠나가며, 이생과 다가올 생에서 자신들이 사랑하는 모든 것들이 사라져버리지 않을까 오히려 걱정한다. 하지만 자기 개인을 아주 잊고 사는 사람들이야말로 세상의 가장 위대한 일꾼들이라는 생각은 늘 있어 왔다. 자기 사랑의 대상이 낮고 작고 유한한 것이 아님을 발견할 때, 그때 비로소 사람은 사랑을 한다. 자기 사랑의 대상이 하찮은 흙덩이가 아니고 진짜 신 자신인 것을 발견할 때, 그때 비로소 사람은 사랑을 한다. 자기 남편이 신 자신이라 생각할 때, 아내는 남편을 더 사랑한다. 아내가 신 자신임을 알 때, 남편은 아내를 더 사랑하게 된다. 자기 자녀들이 신 그 자체라고 생각할 때, 어머니는 아이들을 더욱 사랑하게 된다. 자기의 적이 바로 신이라는 것을 알게 될 때, 그 최대의 적을 사랑하게 된다. 현인이 신 바로 자체라는 것을 알게 될 때, 그 현인을 사랑하게 된다. 또 바로 그 사람은, 좋지 않은 사람의 바탕이 바로 신 그 자신임을 알게 되면, 그 좋지 않은 사람도 사랑하게 된다. 그런 사람은 세상을 움직이는 사람이 된다. 그에게는 그 작은 자기가 죽고 그 자리에 신이 자리하기 때문이다. 그에게는 전 우주가 거룩하게 변모된다. 고통스럽고 참혹한 것들은 모두 사라진다. 갈등은 모두 떠나가버린다. 매일처럼 갈등하고 싸우고, 빵 한 덩이를 위해 다투던 감옥이, 이 우주가, 놀이터가 된다. 그런 때, 이 우주는 아름다워질 것이다. 그런 사람만이 일어나 "이 세계는 얼마나 아름다운가!"라고 말할 권리가 있을 것이다. 그런 사람 홀로, 모든 것이 잘되었다고 말할 권리가 있을 것이다. 마찰이나 충돌과 함께 가는 대신에, 그런 체현으로부터 주어지는 이 세계를 향한 위대한 선이 될 것이다. 오늘날의 모든 인류가 저 위대한 진리의 한 조각만이라도 체현한다면, 전체 세계의 양상이 변화될 것이다. 싸움과 다툼 대신, 평화의 지배가 들어설 것이다. 다른 사람보다 앞서겠다고 우리를 내모는 이 야만스럽고 꼴사나운 다그침이 세계로부터 사라질 것이다. 그와 함께 모든 갈등이 사라질 것이다. 모든 증오가 사라질 것이다. 모든 질투가 사라질 것이다. 모든 악이 영원히 사라질 것이다. 그때는 신이 이 땅에 살 것이다. 그리하면 바로 이 땅이 하늘이 될 것이다. 신들이 신들과 놀고, 신들이 신들과 일하고, 신들이 신들을 사랑하는 그때, 무슨 악이 있을 수 있겠는가? 이것이 신적 체현의 위대한 효용이다. 그때는 사회에서 보게 되는 모든 것이 변화되어 거룩하게 된다. 인간을 더 이상 악하게 보지 않는다. 그것이야말로 첫 번째 위대한 이득이다. 더 이상, 실수를 저지른 가난한 남녀를 향해 일어나 조소의 눈길을 던지지 않을 것이다. 더 이상, 늦은 밤거리를 걷는 가난한 여인에게 경멸의 눈초리를 보내지 않을 것이다. 거기서도 신 자신을 볼 것이기 때문이다. 더 이상 질서와 처벌을 생각하지 않을 것이다. 그것들 모두가 사라질 것이다. 사랑이, 위대한 사랑의 생각이 충분히 강해져, 사람을 올바르게 만들기 위한 채찍과 밧줄이 더 이상 필요치 않게 될 것이다.

세계에 살고 있는 남녀 중의 백만 분의 일의 사람이라도, 그저 몇 분 동안만 자리에 앉아 이렇게 말해보자. "당신들 모두가 신이다. 오 인간들, 오 동물들, 오 살아있는 것들, 당신들 모두가, 살아있는 한 신의 갖가지 현현들이다!" 그러면 전 세계는 단 반시간 만에 변화될 것이다. 증오와 악한 생각의 폭탄들을 방방곡곡에 던지는 대신에, 질투와 악한 생각의 흐름을 내뿜는 대신에, 모든 나라의 사람들이, 모든 것이 신이라 생각할 것이다. 당신들이 보고 느끼는 것 모두가 신이다. 당신 안에 악이 있는 한 악을 어떻게 볼 수 있나? 당신 심장 안의 심장에 도둑이 자리하고 있는 한 도둑을 어떻게 볼 수 있나? 당신 자신이 살인자인데 살인자를 어떻게 볼 수 있나? 선해져라. 그러면 악은 당신을 위해 사라질 것이다. 그런 식으로 전체 세계가 변화될 것이다. 사회에 대한 위대한 유익이다. 인간이라는 생체들에게 위대한 이득이다. 이런 것들이 고대 인도의 사람들 사이에서 생각되고 해결되어진 사고들이었다. 가르치는 사람들의 배타성과 외국군의 점령 등, 여러 이유로 그런 사고들이 널리 퍼지지 못하였다. 하지만 원대한 진리들이었다. 그 진리들이 힘을 발하는 곳은 어디서든지, 사람은 신성^{神性}이 되었다. 내 전체 생은 이런 신적인 인간 중의 한 사람(비베카난다의 스승인 라마크리슈나 성인을 말한다.-역자)의 손에 닿음으로 변화되었다. 그 사람에 대해서는 다음 일요일에 얘기하려 한다. 그리고 이런 사고가 전 세계로 널리 퍼져나가는 때가 도래하고 있다. 수도원에서의 삶 대신, 철학책에 가둔 채 학식 있는 사람에게만 연구되는 대신, 어떤 교파나 소수의 학자들에게 배타적으로 소유되는 대신에, 전 세계에 널리 흩뿌려져, 성인과 죄인, 남자뿐 아니라 여자와 어린이, 배운 자와 무식한 자들 모두의 공동 재산이 되어가고 있다. 그리하여 그들은 세계의 대기 속에 널리 스며들 것이다. 우리가 숨 쉬는 바로 그 공기가 그 모든 맥박과 함께 이렇게 말할 것이다. "네가 그것이다^{Thou art That}." 그리고 무수한 해들과 달들과 함께 전 우주가 말할 수 있는 모두를 통해, 한 목소리로 이렇게 말할 것이다. "네가 그것이다."

열한 번째의 인도 여행
역자 후기를 대신하여

    북인도의 히말라야 아랫자락의 도시들을 보고 싶었다. 예부터 리쉬들을 모아들였던 곳들을 보고 싶었다.

    첫날부터 심하게 아팠다. 30년간 열 번 인도를 다녀왔던 동안, 한 번도 이리 아프지 않았다. 늘 건강했고 늘 기뻤다. 리시케시를 가는 길에서 잘못 되었던 것 같다. 차를 타야만 한다는 안내를 물리치고, 뉴델리역에서 올드델리역으로 걸어서 갔다. 팔월의 인도 햇빛 아래, 10킬로그램이 훨씬 넘는 배낭을 메고 가난해서 매서운 인도인들로 빽빽한 커다란 재래시장 한가운데를 물어물어 네 시간을 걸었던 것 같다. 그 천년이 넘었을 올드델리의 재래시장 한가운데로 지하철을 뚫는 공사를 하고 있었다. 엄청나게 무딘 중장비와 그것을 피해 진행해 가는 날렵한 인도 사람들 틈에 섞여 숨바꼭질하듯 나아가야 했다. 전혀 나아지지 않은 인도. 오히려 더 팍팍해진 것 같았다. 이제 일흔에 가까워진 내 육신이 힘겨웠던 모양이다. 거기 올드델리역에서 물어물어 리시케시행 야간 침대칸을 찾았다. 13번 플랫폼이라고 계속 방송에 나오는데 정작 13번 플랫폼이 없었다. 찌는 듯한 낮의 더

위와 침대칸 제일 윗자리의 살인적인 에어컨에 또 한 번 내 육신
이 몸서리를 쳤던 것 같다. 새벽에 비가 부슬부슬 내리는 리시케
시의 여관방에 도착하니 방 전체가 곰팡이로 가득했다. 여관 직
원은 손바닥으로 곰팡이를 쓸어 닦았다. 그리고, 히말라야 아랫
자락 해발 4,500미터의 타포반. 망가진 것이다.

단 5분도 잠을 이어갈 수 없는 밤을 여럿 보낸 뒤, 몸은 물에
해진 휴지 조각처럼 산산이 분해되었다. 이틀인가를 앉아서 밤
을 새워야 했다.

할 수 있는 방법이 없었다. 약국에서 산 인도 약들은 듣지 않
았다. 그러면서 밤의 한가운데, '브라흐마 사티암 자가트 미티
아(의식만이 실재하고 우주는 헛것인 것을)'의 주문을 외면 그
순간 평화가 주위를 감싸는 것을 나는 찾아내었다. 자꾸 외면
그 순간이 조금씩 길게 이어졌다. 극한의 철학적 주문呪文이 물체
matter에 평화를 준다? 이것이 실재의 증거인가? 비트겐슈타인이
입에 손가락을 갖다 대며 하이데거에게 주의를 주던, '침묵시
켜야만 하는, 그 말할 수 없는 그것'에 대한 체험이 될 수는 없을
까? 나는 단 1센티미터도 몸을 움직일 수 없었던 북인도 하리드
와 아우로빈도 아쉬람의 고통의 밤을 이번 여행에서 만났었다.
그런 밤의 드문 체험이었다.

이번 여행에서 남은 강한 인상이 몇 개 있다. 그 첫째는, 죽음
은 대부분의 경우 엉겁결에 올 수 있겠구나 하는, 전혀 예비되지
못한 상태에서 미련도 느낄 사이 없이 떠나갈 수 있겠구나 하는
깨달음이다. 둘째는 그런 시간에 아주 짧지만 강렬한 생각으로

스쳐가는 것이 있었다. '모든 낭만은 자기 자랑이다'라는 내 한 평생의 부끄러운 납득이 그것이다. 또한 위에서 말한, 몸과 마음이 아주 힘든 상태에서 입으로 왼 만트라가 짧지만 약하지 않은 평화를 주는 것을 체험했다. 하리드와의 아쉬람에서였다. 그리고 또다시 인도의 소^{cow}. 아쉬람에 함께 있던 외국인들과 인도인들이 현금지급기를 찾아 읍내로 나갔다. 읍내의 모든 지급기가 고장 나 있었다. 지친 우리는 터덜터덜 시장 바닥을 걷고 있었다. 누군가의 입에서 짧은 탄성이 터져 나왔다. 멕시코 처녀 클라우디아였다. 고개를 들었다. 소였다. 소의 뒤편으로 샛노란 빛나는 방울들이 반경 1미터의 스프레이를 뿜고 있었다. 마침 아침 햇빛을 비껴 받아, 그것은 금으로 만든 금빛 스프레이 같았다. 인도의 소가 눈 묽은 똥이었다. 시장 바닥은 미동도 없었다. 인도는 영원히 이럴 것이다. 그리고 마지막으로 현실에서의 평화를 주는 고마운 체험도 있었다. 여기 우리가 사는 이 땅은 여기 사는 우리에게 너무도 과분할 정도로 좋은 곳이라는 사실이 그것이다. 콩고강 위를 누더기 뗏목으로 내려가면서 죽은 원숭이 몸을 파먹던 아프리카 사람들의 모습이 머릿속을 길게 맴돌고 있었다. 깜짝 놀랄 정도로 쥐와 흡사한, 몸서리 쳐지는 잿빛 피부와 얼굴로 릭샤 곁에 매달려 구걸하던, 델리의 어린 여자 아이 역시 잊히지 않는다. 그 정직함과 떳떳함은 우리보다 낫지만, 그들의 삶은 우리보다 한참 비참하다. 우리가 그들보다 잘나서 이리 된 것인가? 무조건의 감사함이, 이생에서의 다행감이 모든 시비를 잊게 했다.

그리고 꿈이 있었다. 처음 한 꿈. 누군가 머리 깎은 건장한 남자들이 무슨 작은 육면체로 된 덩어리들을 가운데 두고 서로 논쟁하고 있다. 이 덩어리를 이루어내야만 궁극의 목적지로 갈 수 있다는 주장들을 하고 있는 것 같았다. 절대 그 덩어리를 생략하거나 비껴가서는 목적을 이룰 수 없고 어느 누구도 예외가 없다고 주장하는 것 같았다. 그것을 얻기 위해 한없는 반복만이 필요하다고 하는 듯했지만, 정작 그 반복의 내용에 대해서는 아무 언급이 없었다. 너무도 권위적이고 강압적이며 일방적인 주장들을 하고 있었다. 반드시 인생에서 이 덩어리들을 스스로 만들거나 이루어내야만 한다. 이것만이 인생의 궁극을 여는 열쇠이다. 어떤 무엇도, 어느 누구도 여기엔 예외가 없다. 그런 억압과 복종의 분위기가 그 남자들 주위에 무섭게 서려 있었다. 누구도 이의를 제기할 수 없었다. 다음 꿈은 이랬다. 가도 가도 끝이 없는 쓰레기들이 사람 키만큼의 높이로 서 있다. 땅 전체가, 지구 전체가 그 쓰레기들로 가득했다. 건장한 인도 남자 둘이 그 쓰레기들을 두 편으로 나누어놓고 마치 그 쓰레기들의 대표인양, 혹은 수호대장인양 그 앞에 서 있었다. 외치는 듯했다. 이편 쓰레기가 더 낫다. 저편 쓰레기는 가짜다. 이상한 것은, 쓰레기를 쓰레기가 아니라 성스런 신처럼 여기면서, 그 쓰레기 앞에 모인 군중들에게 자기편 쓰레기를 선택할 것을 다그치는 것이었다. 결코 이 쓰레기들을 외면하고는 저편 궁극으로 갈 수 없다고. 쓰레기들은 끝없이 곧추 서 있기만 했다. 첫 번째 꿈의 남자들이 한국 스님들인가 하는 느낌을 꿈을 꾸면서 얼핏 받았다. 불경한가?

꿈을 꾸면서, 그 장면들과 조금 떨어져서 거기 다른 사람들과 마찬가지로 이 두 꿈에서의 강요된 선택을 요구받던 나는 절망했다. 얼핏 보기에도 그 덩어리들과 쓰레기들은 너무도 무의미했다. 시지프의 바위보다 못했다. 하지만 그 상황을 벗어날 길은 아무 데도 없었다. 너무도 강압적인 선택 요구의 분위기에서. 다만 하나의 길밖에 없었다. 그 무의미한 강요를 벗어나는 유일한 길은 죽음밖에 없었다. 자각몽에 익숙하던 나는 스스로 꿈을 깨고 나와야만 했다. 작은 창 하나 없이 모든 벽이 꼭꼭 막혀 있던 델리공항 인근의 여관방에서였다.

다음 날 아침, 북인도 아쉬람 등에서 구해 델리까지 무겁게 들고 왔던 산스크리트어와 요가 관련 책들을 모조리 내다 버렸다.

리시케시에서는 매일 새벽 상류의 갠지스로 나갔었다. 몬순 끝물의 강은 순간의 흔적조차 남기지 않았다. 매정하고 단호하고 빠르게 흘렀다. 아무것도 남기지 않았다.

월면^{月面}의 황폐함이 이럴까? 사막에 꽃씨를 뿌리는 이규상 형에 감사한다.

강옥경에 감사한다. 모두에 감사한다.

2024년 10월
김우룡

산스크리트어 용어 풀이

Vedanta Sanskrit Glossary

A

abhyasa 아비아사; 반복, 습관, 연습(물질 영역에서 적용되는, 코끼리 운전
  수와 코끼리의 관계에서 코끼리에 적용되는).

acharya 아차리아; 영적 스승, 교리 제안자, 영적 진리의 전파의 소명을 띠
  고 태어난 숭고한 영적 인물.

adhyasa 아디아사; 한 사물을 다른 사물로 착각하는 것을 말하는 베단타의
  용어. superimposition.

aditya 아디티아; 힌두 신격(神格)의 하나.

adrishta 아드리쉬타; 운명, 행운.

advaita-vada 아드바이타-바다; 신, 영혼(의식), 우주가 절대적으로 하나
  라는 베단타학파의 가르침에 의한 불이론(不貳論)의 교리.

agni 아그니; 불.

agni 아그니; 힌두 신격의 하나.

ahamkara 아항카라; 에고[ego].

ajnana 아기아나; 무지(無知).

akrta 아크르타; 원래부터 있는, 만들어진 것이 아닌.

akshara 아크샤라; 파괴될 수 없는, 변하지 않는.

akasha 아카샤; 지구, 땅.

akasha-vani 아카샤-바니; 에테르의 음성, 하늘의 음성.

amanitvam 아마니트밤; 겸손, 자만심 없음.

anantham 아난탐; 제한이 없음, 무한함(공간, 시간, 대상에 공히).

annamaya kosha 안나마야 코샤; 물질적 몸(음식으로 만들어지는)의 덮
   개.

antahkarana 안타카라나; 마음과 미세 감각기관.

anitya 아니티아; 영원치 않은, 변하는, 일시적인, nitya의 반대말.

aprama 아프라마; 거짓 지식, prama의 반대말.

aranya 아라니아; 숲, 야생 동물, 숲과 연관된.

arati 아라티; 힌두 예배의식인 푸자(puja)의 한 부분, 불꽃으로 신을 경배
   함.

artha 아르타; security 안전

arya 아리아; 인도-아리안족.

arya dharma 아리아 다르마; 인도-아리안족의 종교, 베다 종교.

aryavarta 아리아바르타; 인도 아리아족이 그들의 세력 확장의 초기에 점
   령했던 북인도 지역.

asana 아사나; 정신집중 훈련할 때의 앉는 자세.

ashrama 아쉬라마; 인도인의 인생 네 단계 중의 여느 단계, 브라마차리아,
   가르하스티아, 바나프라스타, 산야사 등.

ashtanga-yoga 아쉬탕가-요가; 여덟 파트로 이루어진 요가, 영적 훈련의
   연속되는 여덟 과정을 제시하는 라자 요가를 이른다. 야마, 니야마, 아
   사나, 프라나야마, 프라티아하라, 다라나, 디야나, 사마디의 8과정.

astika 아스티카; Self(아트만), 존재를 믿는 사람.

atma-jnana 아트마-기아나; 셀프(자기)-지식(자신에 관한 지식)

atman 아트만; 자기 자신, 영혼(의식).

atyantika pralaya 아티안티카 프랄라야; 완전한 자기 지식을 얻게 되었을

때(우주가 그 근원적 원인인 근본 무지와 함께 완전히 사라졌을 때)의
절대적 붕괴, 용해(溶解).

avatara 아바타라; 신의 화신(化神, 우주 영의 강림).

avidya 아비디아; 근본 무지, 신적 무지의 힘(불이론적 베단타 학파에 따르
면 이것에 의해 절대가 우주로 나타난다고 함).

avyakta 아비약타; 드러나지 않은

avyakta 아비약타; 잠재 상태에서의 우주 에너지(붕괴 시기에 있을 때의),
신적 무지의 힘, 아비디아와 마야와 동일함.

ayurveda 아유르베다; 외과를 포함한 의학.

B

bauddha 부다; 불교도, 불교의. 가상의(virtual).

bhagavan 바가반; 주, 주님.

bhakta 박타; 귀의자, 사랑의 길을 따르는 사람.

bhakti 박티; 귀의, 헌신, 신에 대한 강렬한 사랑.

bhakti-yoga 박티 요가; 사랑의 길, 네 가지 근본적 영적 훈련 중의 하나.

bhoga 보가; 경험, 인지, 쾌락.

bhuma 부마; 많은, 다수의, 지구, 무제한의, 광대한.

bhuta(s) 부타; (드러나지 않은 상태의 것에 반대되는 것으로서 드러나 존
재하게 된 무엇이라는, 단어 자체의 뜻이 있음) 우주의 다섯 기본 구성
요소 중의 하나를 가리킴. 아카샤, 바유, 아그니, 아프, 크쉬티 등이 그
다섯 요소임. 힌두의 우주생성론에 의하면 이것들은 절대의 가장 초기
의 가장 미세한 물질화 현상임. 미세한 층위에서 존재하는 모든 것들을
구성함. 특별한 방식으로 서로 결합하여 그로스(눈에 보이는) 부타를
이루고, 물리적 우주와 생물을 형성하는 단위로서 사용됨.

brahma(n) 브라흐마(만); (문자 그대로는, 광대한, 무제한의 뜻) 비인격

신, 절대적 실재.

brahma 브라흐마; 창조자로서의 신, 힌두 삼일신(三一神)의 하나, 지속자 (持續者)인 비쉬누, 파괴자인 쉬바가 다른 두 신들이다. 또한 창조된 존재 가운데 그 첫째인 우주적 지성 히란야가르바를 가리키기도 한다. 이 경우 힌두 신격의 하나.

brahmaloka 브라흐마로카; 히란야가르바에 의해 거주되는 최상승의 세계.

brahmavidya 브라흐마비디아; 베단타가 가르치는 지식인 「네가 그것이다.」

britti 브리티; 잔물결, 마음을 물로 보면 거기 일어나는 온갖 동요 현상. 우주의 모든 현상.

buddhi 부디; 마음의 한 기능인 지능(知能), 지력(知力). 미세체의 최초 최고의 구성요소이다. 불이론적 베단타 철학에 의하면, 이것에 의해 진짜 셀프(자기)는 행위와 경험의 주체가 되는 개인으로서의 영혼이라는, 환영적 모습을 나투게 된다.

C

cetana 체타나; sentient, 감각기관을 통해 인지할 수 있는, (몸과 마음의) 능력이 있는.

chaitanya 차이타니아; 의식(意識)

chaitanyamayi 차이타니아마이; 모든 의식(意識), 신적 어머니의 한 속성이다.

D

daivi 다이비; 신적 성품

danam 다남; 자선(수)행, 자선행위,

darshana 다르샤나; 철학, 시각, 보는 것. 신을 보는 것.

darshana 다르샤나; 힌두철학 체계.

devaloka 데바로카; 높은 세계의 하나, 신격(神格)들의 세계.

deva-yajna 데바-야기아; 모든 재가자들에게 하도록 한, 다섯 희생제 중의 하나. 여러 신격들에게 봉헌이 이루어진다.

devata 데바타; 남신과 여신. 신격(神格).

dharana 다라나; 하나의 대상에 마음을 고정하려고 반복적으로 시도함.

dharma 다르마; (문자 그대로는, 어떤 것의 존재를 떠받친다는 뜻) 근원적 성질, 종교, 의무 규정, 의무 등의 뜻이 있음.

dhyana 디아나; 명상, 숙고, 하나의 대상에 대한 끊임없는 집중의 상태.

durga 두르가; 특정 형태를 지닌 신적 어머니로서의 신의 이름.

G

ganapati(ganesha) 가나파티(가네샤); 힌두 신격의 하나, 한 힌두 교파가 택한 특정한 형상의 신.

gauna 가우나; 이차적인, 간접적인.

guhya 구히아; 비밀, 신비, 사적인 부분(항문, 질)

guna 구나; 속성, 특성, 영역.

guru 구루; 영적 인도자.

H

hiranyagarbha 히란야가르바; 우주적 지성, 힌두의 한 신격. 이를 통해 신이 물리적 우주를 사출(射出)하는, 피조물 중의 가장 높은 존재. 브라흐마, 프라나, 수트라트마, 아파라-브라흐만, 마하트 브라흐만 등으로 불리기도 함.

I

indra 인드라; 힌두 신격의 하나.

indrya(s) 인드리아; 눈에 보이는 물리적 몸에서의 지식과 행동의 도구인 눈, 귀, 손, 발 등에 대응하는, 미세몸에서의 미세한 감각기관.

ishta 이쉬타; (문자대로하면 욕망의 대상), 영적 지망자가 그것을 통해 신을 숙고하는 특정한 형태의 신격으로서의 이상화된 전형을 말한다. 희생제의라는 뜻도 있다.

ishta-nishtha 이쉬타- 니쉬타; 자신의 선택된 전형에 대한 단호한 헌신.

ishwara 이시와라; 최상급 통치자, 창조의 주님, 신.

ithihasa 이티하사; 역사(歷史, 자주 신화와 전설이 함께 섞인).

J

jada 자다; 감각이 없는, 무감각한, 불활성의, 둔한, 무지한.

jijnasu 지기아수; 자기가 찾는 것이 자기임을 알고 찾는 사람.

jagat 자가트; 세계, 우주, 세상.

jagrat 자그라트; 각성 상태.

jiva 지바; 영혼. 살아있는 존재를 말하기도 함, ego, individual, 개인으로서의 self.

jivanmukta 지반묵타; '살아있는 동안 해탈한'의 뜻. 죽기 전에 해탈의 목표에 도달한 사람.

jivatman 지바트만; 한 개체의 영혼.

jnana 기아나; 지식. 특별히 영원한 진실에 관한 지식.

jnana-kanda 기아나-칸다; 영원한 진리에 관한 베다의 부분(주로 우파니샤드나 브라흐마나스의 어떤 부분)

jnana-yoga 기아나-요가; 지식의 길, 영적 훈련의 기본 네 길 중 하나.

K

kali 칼리; 특정한 형태의 신적 어머니로서의 신의 이름.

kama 카마; 욕정, 욕망

karana 카라나; 원인, 드러나지 않는 잠재적 원인으로 있다가 적절한 시간이 지나면 눈에 드러나는 결과로서의 모양을 가지게 된다. 붕괴 시기에 우주의 물적 원인으로 이 상태에 있게 된다. 이를테면 잠재적 상태의 우주 에너지 같은 것이다.

karanam & karya 카라남 & 카리아; 원인 제조자 & 결과, 원인에 의한 효과.

karana-sharira 카라나 샤리라; 원인의 몸. 깊은 잠에 빠지면 지성, 마음, 감각기관 등이 드러나지 않는 잠재적 상태로 환원된다. 의식(영혼)과 가장 가까이 있는 덮개이며 축복의 덮개로도 불린다.

karma 카르마; 행위, 행동, 일, 의무.

karma-kanda 카르마 칸다; 제의를 주로 다루는 베다의 부분.

karma-bhumi 카르마-부미; 행위의 장소.

karma-yoga 카르마 요가; 행위의 길, 네 가지 근본 영적 수행 중 하나.

kosha(s) 코샤; 덮개, 칼집. 의식(영혼)을 싸는 덮개. 다섯 개의 동심원으로 된 덮개로 제일 겉은 물리적 물질인 음식으로 된 것, 제일 안쪽은 축복의 덮개로 되어 있고 그 안에 의식(영혼)이 자리한다.

krtena 크르테나; 행위, action.

krishna 크리슈나; 비쉬누(유지의 신)로 화신한 신의 하나.

ksema 크세마; 안전, 평화, 행복.

L

lila 릴라; 놀이. 신의 놀이로서 바라보게 된 우주.

linga 링가; 기호(記號), 상징, 쉬바링가.

loka 로카; 살아있는 존재가 사는 모든 세계.

M

madhura 마두라; 신을 연인으로 보고 신과의 사랑의 관계를 드러내는 신자의 태도.

mahima 마히마; 위대함, 영적인 힘.

manana 마나나; 숙고 반성, 특히 영원한 진리에 대한. 세 가지 지식의 길에서의 두 번째 단계.

manas 마나스; 마음.

manava dharma 마나바 다르마; 인간의 필수적 본성, 인간의 종교.

mantra 만트라; 제의와 연관되어 염송되는 성스런 언구(言句), 혹은 신자들이 반복적으로 외는 신비스런 음절.

marga 마르가; 길, 방향.

mimamsa 미맘사; 비판적 탐구, 반성적 숙고.

mithya 미티아; 거짓의, 환상의, 부적절한, 독립적 실체를 지니지 못한.

mumuksu 무묵슈; 모든 제한(유한)으로부터의 해방을 바라는 사람.

mukta purusha 묵타 푸루샤; 모든 종류의 속박에서 놓여난 사람.

mukti(moksha) 묵티(목샤); 모든 종류의 속박에서 놓여남. 절대적 자유. 영적 노력의 목표.

N

narayana 나라야나; 비쉬누의 다른 이름.

nastika 나스티카; Self의 존재를 믿지 않는 사람, 불교, 자이나교 등.

nididhyasana 니디디아사나; 셀프 지식에 집중하는 것. 명상. 지식의 세 길에서의 마지막 단계.

nigama 니가마; 탄트리카 문헌의 한 종류.

nirakara 니라카라; 형체가 없음.

nirguna 니르구나; 속성(屬性)이 없음.

nirvikalpa samadhi 니르비칼파 사마디; 우주의 영과 절대적 하나가 되었을
　때 깨닫게 되는 최고도의 의식 상태.

nirvikara 니르비카라; 변하지 않는, savikara의 반대말.

nitya 니티아; 영원한, 변하지 않는, 고유한, 타고난.

nivritti Marga 니브리티 마르가; 욕망 포기의 길.

niyama 니야마; 라자 요가의 준비 단계로서의 윤리적 훈련.

nrisimha 느리심하 닐심하; 사자 인간, 힌두 신화에 나오는 신의 현신 중 하
　나.

nyasa 니아사; 육체적 몸을 정화하기 위한 탄트리카 예배중의 제의적 과
　정.

P

papa 파파; 죄, 나쁜 행동.

papa purusha 파파 푸루샤; 의인화된 악.

para bhakti 파라 박티; 최상의 헌신, 신에 대한 최상의 사랑.

parabrahma(n) 파라브라흐마; 최상의 실재, 절대.

para prakriti 파라 프라크리티; 신이 개개의 영혼(의식)으로 나타나는
　(appear) 고등(高等)한 우주 에너지.

paramatman 파람아트만; 최상의 셀프, 우주적 영.

parameshwara 파람이시와라; 최상의 창조주, 신.

paroksa 파록사; 우리 감각을 넘어 있는.

piriloka 피트리로카; 죽은 조상들의 세계.

pitri-yajna 피트리-야기아; 죽은 조상들을 기쁘게 하기 위한 봉헌물.

prabuddha 프라붓다; 깨어나, 궁극의 실재를 알게 된.

prajna 프라기아; 베단타 철학에서, 원인 상태에 있을 때(깊은 잠 같은)의
　개체를 이르는 이름. 최상의 실재인 이시와라가 개체 차원의 원인 상태

라는 가리개(veil)를 통해 이렇게 나타난다.

prakriti 프라크리티; 물질, 자연, 우주. 현상적으로 드러나 있는 세계. 의식
(意識 purusha 푸루샤)에 대응하는, 의식이 아닌 그 밖의 모든 것.

prakriti 프라크리티; 우주 에너지, 되어가는(생성, becoming) 신적 힘.

prakriti 프라크리티; 물질, 자연, 우주, 현상적으로 드러나 있는 세계. 의식
(意識)에 대응하는, 의식이 아닌 그 밖의 모든 것.

pralaya 프랄라야; 완전한 흡수, 병합. 붕괴. 용해(溶解). i)우주가 보이지 않
는 직접적 원인 상태, 다시 말해 드러나지 않는 우주 에너지로 용해되어
들어가는 것. 혹은 ii)절대 실재의 궁극적 기층(基層, substratum)으로
들어가는 것.

prama 프라마; 진실한 지식.

pramana 프라마나; 지식을 얻게 되는 도구.

pramada 프라마다; 부주의한, 어리석은.

prameya 프라메야; 지식의 대상.

pramata 프라마타; 진실한 지식을 지닌 사람. 지식의 주체.

prana 프라나; 활력 에너지. prana 심리 및 감정기능, apana 소화 및 생식기
능, samana 소화기능, udana 호흡 및 뇌기능, vyana 심혈관 및 신경기능
의 다섯 가지 다른 생리적 기능과 연관된 다섯 가지의 에너지로 구성됨.

pranamaya kosha 프라나마야 코샤; 활력 에너지의 덮개.

pranayama 프라나야마; 마음 집중을 향한 한 단계로서의 호흡 훈련.

prasada 프라사다; 슬픔 없음, 신의 선물.

pratika 프라티카; 예배나 영적 숙고를 용이하게 하기 위한, 신이나 신격을
나타내는 상징.

pratima 프라티마; 앞의 항목에서와 같은 목적으로 사용하는 이미지.

pravritti Marga 프라브리티 마르가; 욕망의 길- 영적 훈련을 위한 예비적
과정.

preya 프레야; 기쁜 삶 추구.

punya 푼야; 덕행(德行).

purana(s) 푸라나; 신화나 전설을 통해 영적 가르침을 전하는 인기 있는 영적 문헌의 한 종류.

purna 푸르나; 전부, 전체의, 충만한, 완전한.

purnam 푸르남; 전체, 완전, 한덩어리.

purusha 푸루샤; 우주적 존재, 의식(cinsciousness, awareness), 셀프(self), 영혼, 영원.

R

raja-yoga 라자-요가; 정신 집중의 방법, 네 가지 기본적 영적 훈련의 하나.

rajas 라자스; 우주 에너지 세 구성 요소 혹은 세 측면 중의 하나. 모든 변화를 유발하는 역동적 원칙. 이것을 통해 절대가 우주라는 모습으로 드러난다(appear). 개체에 있어 이 측면이 우세하면 열정이나 초조함이 생긴다.

rajasika 라자시카; 라자스가 우세하여 기운차고, 야망이 강하며 초조한 성품이 되는.

rama(chandra) 라마(찬드라); 비쉬누로 환생한 신(지속의 신). 바이쉬나바 교파에서 선택되는 궁극의 신의 하나.

rishi 리쉬; 신을 본 사람. 현자.

rupa 루파; 형상, 형태, 모양.

S

sabda 사브다; 말, 낱말, 단어.

sadhaka 사다카; 영적 훈련의 과정을 따라가는 지망자.

sadhya 사디아; 영적 과정의 목표 지점.

sadhana 사다나; 영적 훈련 혹은 영적 열성.

saguna 사구나; 속성을 지니는(Nirguna의 반대)

sakara 사카라; 형태를 지니는(Nirakara의 반대)

sakshi-chaitanya 샥시-차이타니아; 심적 작용을 알아차리는 것으로서의 의식(意識). consciousness, awareness.

samadhi 사마디; 탁월한 집중, 무아(無我), 최상의 의식 상태.

samhita(s) 삼히타; 베다의 두 기본 파트 중의 하나. 송가(頌歌)와 성구(聖 句)들로 이루어진다. 또 다른 기본 파트가 브라흐마나(Brahmana)이다.

samsara 삼사라; 윤회(輪廻), 전생(轉生). 세상, 세상적 삶.

samskara(s) 삼스카라; 마음에 남은 미세한 인상(전생에 겪었던 경험들이 이 상태로 마음에 보존된다). 여러 생의 카르마에 의해 형성된 경향성의 바탕이 된다.

samsriti 삼스리티; 반복되는 윤회(여러 번의 태어남과 죽음에 의한).

samvit 삼비트; 의식, consciousness.

sankhya(samkhya) 상키아; 숫자, 힌두철학 중의 하나- 이원론 주장, 이해, 지성, 자기self에 대한 지식.

sannyasa 산야사; 사회적 관계의 포기. 힌두의 인생 단계(아쉬라마) 중 가 장 마지막의 단계. 완전한 포기. 출가.

sannyasi 산야시; 완전한 포기의 삶을 받아들인 사람. 힌두 승려. 인생 네 단계 중 마지막 단계에 이른 사람.

sarvagatah 사르바가타; 모든 곳에 퍼져 있는, 편만한, ubiquitous.

satchidananda-sagara 사트치트아난다-사가라; 존재, 인식, 축복의 큰 바 다. 말로 표현하기 힘든 절대의 실재를 암시하는 은유적 표현.

sattwa 사트바; 세 가지 우주 에너지의 구성 성분 혹은 속성 중의 하나. 개 체의 경우 이것이 우세하면 순수함, 평정, 또렷한 안목이 만들어진다.

satya 사티아; 진실, 진짜. isness, real true.

saura 사우라; 수리아로서의 신을 경배하는 힌두 교파.

savikara 사비카라; 변하는.

shad-darshana 샤드 다르샤나; 여섯 개의 힌두철학 체계. 푸르바(초기)-
미맘사, 니아야, 바이쉐시카, 요가, 상키아, 베단타(우타라(후기)-미맘
사) 등이 있다.

shaiva 샤이바; 쉬바로서의 신을 경배하는 힌두 교파.

shaiva agama(s); 샤이바 교파의 영적 텍스트들 중의 한 종류.

shaka 샤카; 신적 어머니로서의 신을 경배하는 힌두 교파.

shakti 샥티; 탄트리카에서 신적 어머니로서의 신을 이르는 일반적 이름.
영원한 존재의, 창조 지속 붕괴의 최상위 힘으로서의 역동적 면을 의미
한다. 생성(生成 becoming)의 신적 힘, 우주 에너지.

shalagrama-shilla 샬라그라마-실라; 비쉬누로서의 신을 상징하는 둥근 돌
멩이. 돌 위에 특유의 무늬가 있다.

shanta 샨타; 인격적 신의 무한한 영광을 숙고하는 신자(信者)의 (감정이
배제된) 고요한 태도. 신과의 어떤 세속적인 관계도 표현하지 않는다.

shantam 샨탐; 평화(그 자체)

sharira 샤리라; 몸(體).

shastra(s) 샤스트라; 힌두의 삶과 행동을 지배하는 경전들.

shabda 샵다; 소리, 소리 감각.

shiva 쉬바; 쉬바 교파에서 선택된 궁극(窮極). 신의 특정한 형태. 붕괴의
신을 표현하는, 힌두 삼신(三神) 중의 하나. 창조는 브라흐마, 지속은 비
쉬누가 따로 있다.

shivalinga 쉬바링가; 돌, 금속, 흙으로 만들어진, 쉬바로서의 신의 상징.

shraddha 슈라다; 믿음, 신앙, 존숭.

shravana 슈라바나; 지식의 길에서의 형적 훈련 세 단계 중 첫 단계. 영적

지도자나 경전으로부터 영원한 진리에 대해 듣는 것을 말한다.

sherya 쉬레야; 궁극적 선. 완전함 혹은 영원한 행복.

shrishti 쉬리슈티; 우주 창조, 우주 사출.

shruti(Sruti) 슈루티; 계시된(어디로부터 들려온) 지식. 베다.

shunya 순야; 공(空) void.

siddha 싯다; 해방의 목표에 이른 사람.

siddhi(s) 시디; 초능력. 불가사의한 힘.

shloka 슐로카; 시, 운문, 찬양가, 운율을 지니고 있다.

smriti(s) 스므리티; 베다를 제외한 모든 경전. 사회나 가정의 법도를 규정한다.

sthiti 스티티; 창조와 붕괴 사이의 기간 동안의 우주의 상태를 이르는 말.

sthitaprajna 스티타프라기아; 지혜에 뿌리박은 사람, 자신이 SatChitAnanda임을 아는 사람.

sthula 스툴라; 육안에 의한, 물리적인, 육체적인, subtle(미세한 신비한 sukshma)과 causal(원인의 karana)에 대비된다.

sunya(m) 순야(얌); 공(空), void, 헛것.

surya 수리야; 태양, 해. 힌두 신격(神格)의 하나.

sushupti 수슙티; 꿈 없는 깊은 잠.

sutra(s) 수트라; 아포리즘. 어떤 교훈을 담고 있는 거의 제문(祭文)을 연상시키는 간결한 경구.(여러 다른 주제들이 힌두 작자들에 의해 간결한 발언을 통해 요약되어 있다.)

svapna 스바프나; 꿈꾸는 상태.

swadha 스와다; 생성의 신비한 신적 힘으로 해석되는 힌두 단어. 마야(Maya) 혹은 아비디아(Avidya) 등과 같다.

swadharma 스와다르마; 개체의 인생 단계나 사회적 위치에 따른, 힌두의 종교나 의무 규정.

swarupa 스와루파; 진실, 진실된 본성, vritti의 반대.

T

taijasa 타이자사; 꿈속에 있거나 미세한 상태에 있는 어떤 개체를 이를 때 힌두철학에서 쓰는 이름. 최상의 실재가 미세한 몸에 의해 가려지거나 채색될 때 타이자사로 나타난다.

takur 타쿠르; 신, 왕.

tamas 타마스; 우주 에너지 세 구성 요소 혹은 세 측면 중의 하나. 본질상 나태, 무지, 무력함, 무감각으로 나타난다. 개체에 있어 이 측면이 우세하면 게으름과 무지가 생긴다.

tamasika 타마시카; 무력하고 의식하지 못하는.

tantra 탄트라; 신을 신적 어머니로 표현하면서, 정교하고 때론 비의적인 제의를 제시하는 (베다에서 유래하지 않은) 일단의 경전 텍스트. 아가마와 니가마의 주 종류가 있다. (샤이바교파와 바이쉬나바교파의 어떤 경전들도 탄트라라 불리기도 한다.)

tantrika 탄트리카; 신적 어머니로서의 신을 경배하는 힌두교파.

tapas 타파스; 내핍, 결핍, 금욕, 고행.

tejas 테자스; 빛, 불. 아그니(agni)와 동의어.

tyaga 티아가; 희생, 금욕, 출가.

U

upadhi 우파디; 그 아래에 있는 또렷한 본질을 덮거나 채색하는, 겉에 덧씌워진 물체나 속성. 제한적 부가사(附加詞). 절대(絶對)에 제한적인 시점을 제공하여 상대(相對)로 드러나게 하는 여하한의 중첩적 작용을 이르는 베단타 철학에서 쓰는 전문용어. superimposition과 유사.

upanishad(s) 우파니샤드; 삶의 영원한 진리나 존재에 대해 천착하는, 베다에 포함되어 있는 널리 읽히는 힌두 경전.

V

vada 바다; 교리, 교의, 신조, 학설.

vaikuntha 바이쿤타; 비쉬누의 거처, 근심이 없는 곳.

vairagi 바이라기; 무심한 사람.

vairagya 바이라기아; 무심, 냉정.

vaishnava 바이쉬나바; 비쉬누로서의 신을 경배하는 힌두의 한 교파.

varuna 바루나; 힌두의 한 신격(神格).

vasana 바사나; 행동에 영향을 주는(마음에 새겨 있는), 과거의 인상.

vastu 바스투; 대상, 물상, 물체.

vayu 바유; 공기. 힌두의 한 신격.

vedana 베다나; 느낌, 감각, 고통.

vedanta 베단타; 말 그대로는 베다의 끝, 베다의 종착지, 우파니샤드를 가리킴. 우파니샤드에 바탕을 둔 힌두 사상의 한 학파. 순수 불이론과 조건부 불이론의 교리를 가진다. 이 학파의 근본 교리 텍스트는 비아사(Vyasa) 현자가 책으로 엮은 베단타 다르샤나, 우타라 미맘사, 브라흐마 수트라 등이다.

vidya 비디아; 지식.

virat 비라트; 베다의 한 신격. 전체 물리적 우주를 자신의 몸으로 지닌 우주적 존재.

vishnu 비쉬누; 지속과 유지(Preserver)의 신. 나라야나(Narayana)로도 불리는 힌두 삼신 중의 하나(라마와 크리쉬나는 비쉬누의 현신으로 여겨진다).

vivarta 비바르타; 겉으로 보이는, 외관상의, 실제로는 그렇지 않고 그렇게 보이기만 하는. 사막 속의 신기루 호숫물.

viveka 비베카; 식별. 분간.

viveki 비베키; 인간의 근본 문제가 무엇인지를 분간한 사람.

vritti 브리티; 조건, 방식, 기능, 개조. swarupa의 반대.

Y

yajna 야기아; 희생제(犧牲祭).

yama 야마; 라자 요가에서 도덕적 훈련 코스로 되어 있는 예비 과정.

yoga 요가; 신과의 연합. 그런 연합을 위한 여하한의 영적 훈련 과정, 마음
　의 집중, 라자 요가 등을 이른다.

yogi 요기; 신과의 연합을 진지하게 추구하는 사람. 영적 훈련 과정을 거쳐
　가는 지망자. 라자 요가의 계획된 과정을 추구해나가는 사람. 모든 조건
　에서 완전히 흔들리지 않는 마음을 지닌, 영적으로 향상된 사람.